Dietrich Schindler

Vocalismus der Mundart von Sornetan

Dietrich Schindler

Vocalismus der Mundart von Sornetan

ISBN/EAN: 9783744628334

Hergestellt in Europa, USA, Kanada, Australien, Japan

Cover: Foto ©Andreas Hilbeck / pixelio.de

Weitere Bücher finden Sie auf **www.hansebooks.com**

Curriculum Vitae.

Ich wurde geboren zu Hard im österreichischen Vorarlberg am 21. Februar 1864. Die ersten Jahre meines Lebens brachte ich dort und in der benachbarten bayerischen Stadt Lindau zu, deren „Lateinschule" ich bis zum 14. Jahre besuchte. Anno 1878 ging ich in mein Heimathland, die Schweiz, wo ich während 5 Jahren ein humanistisches Gymnasium zu Bern besuchte. Nach Ablegung des Maturitätsexamens begab ich mich nach Genf, wo ich während eines Jahres romanische Sprachen und zwar besonders das Französische studirte.

Im Herbst 1884 kam ich nach Leipzig. Unter den Vorlesungen, die ich hier besuchte, nenne ich die meines hochverehrten Lehrers, Herrn Prof. Ebert: „Einleitung in das Studium der romanischen Sprachen" und die des Herrn Prof. Voigt: „über mittelalterliche deutsche Geschichte".

In Leipzig verweilte ich 3 Semester und hatte während dieser Zeit Gelegenheit, den Cyclus der Vorlesungen des Herrn Prof. Ebert, sowie interessante geschichtliche und philosophische Collegia zu hören, unter den letzteren besonders Geschichte der Philosophie von Herrn Prof. Heinze.

Frühjahr 1886 siedelte ich für 2 Semester nach Berlin über. Dort folgte ich mit Interesse den Vorlesungen Herrn Prof. Toblers.

Anno 1887 kam ich wieder nach Leipzig zurück, um mich für das Doctorexamen vorzubereiten, nachdem ich während der Monate April und Mai einen längeren Aufenthalt im französischen Jura genommen hatte, um Notizen für meine Arbeit zu sammeln.

I. Einleitung.

Die französischen Mundarten, die sich neben der Cultursprache erhalten haben, verdienen das Interesse, das man
ihnen seit den letzten Jahrzehnten zugewendet hat. An den
verschiedensten Punkten schon hat man begonnen, sie wissen-
schaftlich zu bearbeiten; und wenn auch noch viel zu thun
übrig bleibt, so ist doch der Moment abzusehen, in dem wenigstens alle bedeutenderen Mundarten dargestellt sein werden.
Welche Absicht waltet bei derartigen Untersuchungen vor?
Unbedingt die, die Stellung kennen zu lernen, welche die betreffende Mundart einnimmt zum Lateinischen, ferner zum
Französischen und endlich zu andern ihr benachbarten Mundarten.

Oft finden sich in französischen Mundarten auch Züge
und Eigenthümlichkeiten vor, die lebhaft ans Spanische und
Italienische erinnern. Dass diese gemeinsamen Eigenschaften
trotz grosser geographischer Entfernung sich unverwischt erhalten haben, beweist, wie enge das Band ist, das alle romanischen Sprachen unter einander verbindet.

Da die Sprache ein Hauptmerkmal ist, wenn es sich
darum handelt, die Race eines Volkes zu bestimmen, so lassen sich aus solchen sprachlichen Eigenthümlichkeiten interessante Schlüsse auf ethnographische Verhältnisse ziehen. Die
jurassischen Mundarten nehmen nun gerade in dieser letzten
Beziehung eine characteristische Stellung ein. Der Jura gehört
theilweise zu Frankreich, theilweise und zwar zur kleinern
Hälfte zur Schweiz. Der Berner Jura nun, mit dem ich mich
allein beschäftige, grenzt im Osten, Süden und theilweise auch
im Norden an deutsche Gegenden. Mit der Sprachgrenze fällt

1

auch die Grenze der romanischen und germanischen Race zusammen. Gerade dieser Theil des Jura war seit Alters vielen sich widerstreitenden Einflüssen von Ost und West ausgesetzt. Ursprünglich celtisches Gebiet, wurde der Jura später römische Provinz; damals wurde das Land durch und durch romanisirt, und von jener Zeit her datirt der Grundstock der romanischen Bevölkerung, die bis heute die Herrschaft des Landes behauptet hat. Später wurde das Land fränkisch, dann burgundisch. Im Mittelalter sodann kam es zum deutschen Reiche und machte das alte Bisthum Basel aus, das zu Ende des vorigen Jahrhunderts von den Franzosen zerstört wurde. Während einer Reihe von Jahren bildete der Berner Jura das Département von Mont-Terrible, während Porrentruy und Delémont mit dem Département du Haut Rhin vereinigt wurden. Der Wiener Congress endlich vereinigte das Land mit dem Canton Bern, dessen nördlichen Bestandtheil es heute noch bildet. Ich gebe diese flüchtigen historischen Bemerkungen mit Rücksicht auf die Sprache, die uns hier besonders interessirt. Im Mittelalter war die officielle Landessprache das Deutsche, dessen sich die deutschen Fürstbischöfe bedienten. Die Bevölkerung hat sicher auch damals schon ausschliesslich ihr französisches „Pâtois" gesprochen. Ausgeschlossen ist nicht, dass in früher Zeit das deutsche Sprachgebiet noch weiter in den Jura hineinreichte, als es heute der Fall ist. Dies scheinen die an der Peripherie des Landes nach Osten zu liegenden Ortschaften zu bestätigen, die meistens doppelte Namengebung haben. Allein die durchaus romanischen Ortsnamen im Innern des Jura machen es mir unzweifelhaft, dass wir es hier mit einem Volksstamme von ganz überwiegend romanischer Herkunft zu thun haben. Der Berner Jura fällt, allgemein gesprochen, zwischen Linien, die man etwas nördlich von Chaux-de-Fonds nach Neuveville, und von hier nach Biel zieht. Von Biel läuft dann die Linie etwas nördlich in die Nähe von Grenchen im Canton Solothurn, worauf sie bis Laufen weitergeht. Dies ist die Abgrenzung des Jura nach Süden und Osten. Die Nordgrenze fällt mit der schweizerisch-französischen Grenze zusammen. Was nun die Mundarten betrifft, die in diesem Complex von Thälern und Höhen gesprochen werden, so ist ihre Zahl eine sehr grosse, wenn man auf alle kleinen Unterschiede Rücksicht nehmen wollte. Sie reduciren sich bei genauerer Betrachtung auf mehrere grössere Gruppen. Dass diese Abtheilung in Gruppen nur approximativ sein kann, so lange nicht Untersuchungen in allen Landestheilen gemacht sind, versteht sich von selbst. Diese Gruppen sind:

Die Mundart von St. Imier.

Die Mundart der Franches Montagnes.

Die Mundart von Montagne de Diesse, ganz in der Südwestecke des Berner Jura.

Die Mundart von Moutier (Münster), die sich so ziemlich im Centrum des Landes ausdehnt (dazu gehörig Sornetan).

Die Mundart von Delémont.

Die Mundart von Porrentruy, die bereits zur Mundart von Montbéliard zu rechnen ist.

Es war nun keine ganz schnell gelöste Frage, zu wissen, welche dieser Mundarten zu behandeln wäre. Da mir Vorkenntnisse über die jurassischen Pâtois nicht zur Verfügung standen, so entschloss ich mich, nach geographischen Gesichtspunkten zu wählen. Das Dorf, das mir als Versuchsobject dienen sollte, musste möglichst im Centrum des Berner Jura, ferner in einiger Distanz von Eisenbahnen und grösseren Städten gelegen sein. Solche Bedingungen schienen mir eine gewisse Garantie zu bieten, ein noch wenig beeinflusstes reines Pâtois vorzufinden. Ich war so glücklich, die erwähnten Vorbedingungen sowie angenehme persönliche Verbindungen in Sornetan, im Petit-Val, vorzufinden. Ich betone, dass es geographische und nicht sprachliche Rücksichten waren, welche mich von vornherein zu dieser Wahl bewogen. Nachher durchstreifte ich den Jura noch weiterhin und machte

1*

kleinere, nur die Hauptpunkte des Vocalismus betreffende Aufzeichnungen in der Montagne de Diesse, in Seignelégier und
Porrentruy, um einen Ueberblick über diese Mundarten zu
erhalten. Von nicht geringem Interesse ist es, den Einfluss der
deutschen Sprache auf die jurassischen Mundarten zu erörtern.
Durch die jahrhundertelange constante Berührung dieser Pâtois mit dem deutschen Sprachgebiete wurden aus letzterem
manche Worte in die französischen Mundarten übertragen, ein
Vorgang, der überall stattfindet, wo Sprachgrenzen vorhanden sind. Seit den letzten Jahrzehnten findet überdies eine starke
Einwanderung aus der deutschen Schweiz in jenen Gebieten
statt. Deutsche Uhrenmacher, Handwerker und besonders
deutsche Bauern dringen in die zum Theil nicht sehr bevöl-
kerten Thäler des Jura vor. Es ist diese „deutsche Infiltration" im Jura ein höchst interessantes Phänomen, das nicht
ohne Einwirkung auf die im Lande gesprochenen Mundarten
bleiben konnte. In der That findet man für manche Gegen-
stände deutsche Namen vor, sei es in ihrer ursprünglichen
Gestalt, sei es in mundartlicher Umwandlung. Zu hoch darf
aber der Einfluss der deutschen Sprache in dieser Richtung,
d. h. in Bezug auf Wortschatz und Structur, nicht angeschlagen
werden. Dagegen äussert sich derselbe viel energischer darin,
dass er das Verschwinden des Pâtois beschleunigt. Der deutsche
Einwanderer bedient sich im Verkehr mit dem geborenen Jurassier des Französischen, in Gegenden, wo die deutsche Bevölkerung sehr stark ist, wohl auch ausnahmsweise des Deutschen. Das Pâtois erlernen Deutsche nur in ganz vereinzelten
Fällen. Noch andere Gründe befördern das Aussterben der
Mundarten: der gesteigerte Verkehr, die sehr gut gehaltenen
französischen Volksschulen und der moderne, auf Nivellirung
ausgehende Zeitgeist, Feinde, denen die Mundarten nur zu
bald unterliegen werden. — Ich erwähne noch, dass in den
katholischen Landestheilen im Allgemeinen die Mundart sich
viel kräftiger erhalten hat, als in den protestantischen. So

wird z. B. in der Umgegend von Porrentruy, der sogenannten Ajoie, das Pâtois noch von Alt und Jung gesprochen. Sehr häufig begegnet man dort noch Personen von mittleren Jahren, die des Französischen kaum mächtig sind. Sornetan im Petit-Val dagegen, wo ich meine Beobachtungen anstellte, zeigt ganz andere Verhältnisse. Die Mundart wird hier von Kindern nicht mehr gesprochen, kaum mehr verstanden. Auch junge Leute von 30—40 Jahren bedienen sich derselben nicht mehr. Erst Leute, die älter als die angedeuteten Altersklassen sind, machen davon noch unter einander Gebrauch. Der Schluss, dass das Pâtois nach Verlauf von 30—40 Jahren in Sornetan ganz erloschen sein wird, ist unabweisbar.

Das Pâtois zu studiren und schriftlich zu fixiren, wurde im Jura häufig versucht. Im Drucke herausgegebene mundartliche Dichtungen finden sich hin und wieder; eines der bedeutendsten Stücke dieser Art ist das Gedicht: Les paniers, das vom Curé Ferdinand Raspieler in der Mitte des vorigen Jahrhunderts gedichtet, von dem verdienten jurassischen Gelehrten und Dichter Hrn. Kohler vor 20 Jahren herausgegeben wurde. — Seit Jahren lässt es sich die Société d'Émulation jurassienne angelegen sein, in ihren periodisch erscheinenden Bänden historische, den Jura betreffende Fragen zu erörtern, dichterische und sprachliche Themata zu behandeln. Was nun speciell die Pâtois betrifft, so beschäftigen sich mit ihnen mehr geborene Jurassier, als man annehmen sollte. Schätzenswerthe lexicographische und grammatische Aufzeichnungen werden gemacht. Wer wäre auch mehr zu solchen Arbeiten befähigt und berufen, als gerade diejenigen, deren Muttersprache die Mundart ist und denen alle Quellen viel leichter zugänglich sind, als den Fremden? So wichtig solche Arbeiten nun zur Kenntniss des Pâtois sind, so sind sie doch keineswegs maassgebend, wenn es sich um die Hauptfrage handelt:

„Welche Stellung nimmt die Mundart ein in der grossen Gemeinschaft der romanischen Sprachen und wie verhält sie sich zum Lateinischen?" Um sich hierüber einigermaassen

Klarheit zu verschaffen, muss man mit den hauptsächlichsten romanischen Sprachen vertraut sein, und Kenntniss des Altfranzösischen ist eine unerlässliche Bedingung, um die Entwicklung der lateinischen Volkssprache zum Pâtois zu verstehen. Ohne diesen allgemein gefassten Standpunkt wird man niemals dazu gelangen, die speciellen im Pâtois vorhandenen Phänomene zu verstehen. Verzichtet man aufs Altfranzösische, das doch der beste Schlüssel zur Aufschliessung der Pâtois ist, so verfällt man, wie dies so oft geschehen, auf ganz abenteuerliche Erklärungen, und darauf, geographisch und chronologisch fernabliegende Sprachen an den Haaren herbeizuziehen, um die französichen Mundarten zu beleuchten.

Literarische Hilfsmittel.

Werke, die ich zu meiner Arbeit direct oder indirect benutzte, sind:

Tobler, Prof. (Berlin), Französische Lautlehre (Colleg).

Wie ich schon bemerkte, halte ich es bei Behandlung einer Mundart für das richtige, von der ihr am nächsten stehenden Cultursprache auszugehen, deren Entwicklungsgang und Schicksale die Mundart meistens im Grossen und Ganzen theilen wird. Für diese Mundart nun haben wir als nächststehende Cultursprache das Französische anzusehen. Ich suche demgemäss an der Mundart die grossen Hauptzüge und Gesetze nachzuweisen, die im Französischen für die Entwicklung der Sprache maassgebend waren. An der erwähnten französischen Lautlehre hatte ich einen ausgezeichneten Wegweiser.

Ascoli, Saggio di morfologia o lessicologia soprasilvana. — Archivio glottologico Bd. 7.

Ascoli, Schizzi franco-provenzali. — Archivio glottologico Bd 3.

Chabaneau, Grammaire limousine.

Häfelin, Neuenburger Dialecte. — Zeitschrift von Kuhn Bd. XXI.

Odin, Phonologie des pâtois de Cant. de Vaud. — Halle 1896.

Horning, Ostfranzösische Grenzdialecte, in: Französische Studien von Körting und Koschwitz. V. Bd. Schlussheft.

Spruhner, Historischer Atlas.

Trouillat et *Vautrey*, Monuments de l'ancien évêché de Bâle. — Porrentruy.

II. Transcription.

Bevor ich zur eigentlichen Transcription übergehe, möchte ich einiges bemerken über die Art, wie am besten Notizen über französische Mundarten des jurassischen Gebietes gesammelt werden. Sehr häufig kommt man in den Fall, Personen zu befragen, die in keiner Weise befähigt sind, Angaben über ihre Mundart zu machen. Bei oberflächlicher Beobachtung scheint es, dass Kinder günstige Versuchsobjecte abgeben, da ihre Sprache noch naturwüchsiger und weniger von etwaigen fremden Einflüssen modificirt sei, als die erwachsener Personen. Dies letztere mag richtig sein. Allein diesen unleugbaren Vortheilen stellen sich grosse Nachtheile gegenüber: die Kinder gebrauchen in ihrer Mundart oft Ausdrücke, die gar nicht der correcten Mundart angehören. Es können sich also leicht falsche Angaben in die Aufzeichnungen einschleichen, die auf grosse Genauigkeit Anspruch machen müssen. Sodann ist der Wortschatz der Kinder noch nicht voll ausgebildet und im Vergleiche zu dem von Erwachsenen ein dürftiger. Nun können aber gerade bei der Aufnahme solcher Notizen Worte verlangt werden, die in der Mundart selten gebraucht, aber doch vorhanden sind. Zu dem allem kommt noch die natürliche Scheu der Kinder dem Fremden gegenüber, die sie hindert, klare Auskunft zu geben.

Ein anderer, noch öfter gemachter Fehler ist der, sich ausschliesslich an alte Leute zu wenden. Auch diese bieten gewisse Vortheile dar: ihre Sprache ist gewöhnlich reich an Ausdrücken; sie haben noch manche Worte und Wendungen bewahrt, die der jüngeren Generation abhanden gekommen sind. Wie die Kinder, verfügen sie über viel freie Zeit und stellen sich meist gern dem Fremden zur Verfügung. In einzelnen Fällen nun mag es angehen, alte Leute um Auskunft zu bitten. Doch ist dabei immer mit grosser Vorsicht zu verfahren. Denn die correcte Aussprache hat bei ihnen oft gelitten durch den Mangel an Zähnen oder durch sonstige Gebrechen, welche sie an der deutlichen Aussprache hindern. Die schlimmste Categorie von Auskunftgebern sind aber, einzelne Fälle natürlich abgerechnet, Leute von Halbbildung. Absichtlich oder auch ganz unbewusst geben sie Worte als echt mundartlich an, die nichts weniger als solche sind, die vielmehr dem Französischen entlehnt oder bisweilen auch einfach fabricirt sind. Dass mit Individuen dieser Art wenig anzufangen ist, liegt auf der Hand.

Wenn immer möglich, sollte man sich an eine erwachsene Person im besten Alter wenden, die intelligent genug ist, auf präcise Fragen richtig zu antworten.

Was nun die eigentliche Transcription der mundartlichen Laute betrifft, so wiederhole ich nicht was Odin in der Einleitung zu: Phonologie des pâtois du canton de Vaud pag. 15 über die verschiedenen Systeme sagt. Ich möchte nur meinerseits einiges beifügen. Von der phonetischen Schreibung wird vor allem Genauigkeit und, füge ich hinzu, auch möglichste Klarheit verlangt. Während die erste Forderung einer möglichst genauen Wiedergabe und Fixirung sämmtlicher Laute dahin führen muss, ein complicirtes System aufzustellen, wird andrerseits die Klarheit verlangen, dass dies System dem Leser auch in kurzer Zeit verständlich werde und ihn nicht durch ein Uebermaass von Zeichen verwirre. Es gilt nun den richtigen Mittelweg zu finden. Odin hat meiner Meinung nach bisweilen der Klarheit zu sehr auf Kosten der Genauigkeit Rechnung getragen, was bei ihm aber insofern erklärlich ist, als er eine ungewöhnlich grosse Anzahl von Dialecten zu behandeln hatte. Ich suchte diese Klippe zu vermeiden und stellte für die Vocale eine grössere Anzahl von Varietäten auf, als Odin. Ferner führte ich die von Häfelin gebrauch-

ten Zeichen —, —, ein. Dieselben bezeichnen ganz kurz vor-
oder nachgeschlagene Laute von *e-* und *o-*Färbung. Dieselben
treten mit wechselnder Stärke auf; doch glaubte ich am Besten
an den Zeichen —, —, etc. festzuhalten in allen den Fällen,
wo *e* und *o* nicht gleiche Stärke haben, wie die neben ihnen
stehenden Vocale, z. B.: *àv₀än*, avoine ungleiche Stärke; aber:
loardjī, léger gleiche Stärke.

Doppelconsonanten enthält mein System nicht. *s* hat
ohnehin schon die Geltung des deutschen *ss* und die andern
Consonanten werden in dieser Mundart durchgehends einfach
gesprochen. In Uebereinstimmung mit O d i n verwerfe ich den
Gebrauch von Accenten, um verschiedene Werthe eines Vocals
zu bezeichnen. Das Auge ist so gewöhnt, sie als Zeichen
der Betonung aufzufassen, dass mir ein Abweichen von dieser
Tradition nicht geboten scheint. [Nur den Circumflex ˜ setze
ich als Zeichen der Nasalirung über die betreffenden Vocale.]

Die Accente benutze ich vielmehr in ihrem ursprünglichen Sinne als Zeichen der Betonung in den übrigens ziemlich seltenen Fällen, wo die Betonung eines mundartlichen
Wortes nach Analogie des Französischen, Italienischen etc.
anders sein müsste, als sie wirklich ist. Z. B. in *roártā* vérité
sollte man den Hauptaccent auf dem *ā* vermuthen. Derselbe
liegt aber auf der ersten Silbe, während auf *ā* nur ein Neben-
accent ruht. Das gleiche Verhalten in *táriby*, terrible etc.
Es wäre interessant, diese verschiedenen Fälle einer zusam-
menhängenden Beobachtung zu unterwerfen.

Ich komme nun zur Aufstellung des Alphabets und be-
ginne mit den V o c a l e n.

a

Im Pâtois constatire ich folgende *a*-Laute:

a = kurzes a, wie im ital. a mare, in Sornetan sehr offen
gesprochen.

ā = langes a derselben Qualität.

à = englisches a in wall.

ä = englisches a in hat.

Anmerkung 1: *ạ* lautet in manchen Fällen nicht ganz
so tief, wie englisches a in wall. Doch halte ich es nicht
für nöthig, für diese Fälle ein besonderes Zeichen einzuführen.
Anmerkung 2: *a* und *ā* werden in Sornetan sehr offen
gesprochen. Diese Tendenz wiegt noch mehr vor in der
Mundart von Porrentruy, sie ist dagegen schwächer in Seignelégier und verliert sich ganz in der Montagne de Diesse, wo
a durchaus dem deutschen a-Laute entspricht. Ich bemerke
dies gleich jetzt in Hinsicht auf die Tabellen des Anhangs.
Ich halte es für genügend, für die einzelnen Varietäten von
a das eine Zeichen *a* resp. *ā* beizubehalten.

e

Das Pâtois enthält folgende *e*-Laute:
e = kurzes offenes e wie im ital. sette.
ē = langes offenes e wie im ital. sette.
ẹ̄ = langes geschlossenes e wie im deutschen „See“.
ẹ = kurzes geschlossenes e derselben Qualität.
ĕ = französisches e muet im Gesang wie in frère.
—*ₑ* = französisches e muet am Ende des Wortes (aber mit
leisem Laute).
Anmerkung 1: *ē* kommt in dieser Mundart selten vor,
gewöhnlich tritt dafür ä ein.
Anmerkung 2: *ĕ* mit dem oben angegebenen dumpfen
Laute kommt bisweilen auch in der Mitte des Wortes vor,
besonders nach i. Gewöhnlich setzte ich, um den schwachen
Vor- oder Nachschlag zu characterisiren, in die Mitte des
Wortes —*ₑ*, z. B.: in *gọ̄ᵣdje* gorge. Bisweilen wird aber dieser Nachschlag so hörbar, dass —*ₑ* zu seiner Bezeichnung
nicht mehr ausreicht. Dann setzte ich *ĕ*: so in *sĕlĭĕ̆žₑ* cerise.
Das —*ₑ* vertritt beinahe regelmässig das am Wortende der
lateinischen Feminina abgefallene a. Es ist oft schwierig zu
bestimmen, ob ein —*ₑ* wirklich hörbar ist oder nicht.

i

i = kurzes französisches i.
ī = langes französisches i.

o

o = kurzes offenes französisches o.

$\bar{o}$ = langes offenes französisches o.

$\dot{o}$ = langes geschlossenes o = franz. au.

o = kurzes geschlossenes o = franz. au.

Anmerkung: $\bar{o}$ kommt selten vor, dafür gewöhnlich $\bar{\mathring{a}}$.

ö

$\ddot{o}$ = kurzes offenes ö = franz. eu, wie es sich in der ersten Silbe des Wortes heureux findet.

$\bar{\ddot{o}}$ = langes offenes ö = franz. eu in heure.

$\bar{\ddot{o}}$ = langes geschlossenes ö: dieser ö-Laut entspricht dem franz. eu in jeu, ist aber lang.

$\ddot{o}$ = kurzes geschlossenes ö: dieser ö-Laut entspricht dem franz. eu in jeu.

Anmerkung: $\bar{\ddot{o}}$ ist selten, ebenso $\ddot{o}$.

u

$\bar{u}$ = langes französisches ou.

u = kurzes französisches ou.

ü

$\ddot{u}$ = kurzes französisches u.

$\bar{\ddot{u}}$ = langes französisches u.

Diphthonge.

In allen Darstellungen von Mundarten sind es die Diphthonge, die sich am schwersten harmonisch gruppiren lassen. Ich gehe von dem Satze aus, dass Diphthonge einsilbige Verbindungen vocalischer Elemente sind. Ich sage dabei absichtlich vocalischer „Elemente" und nicht direct „Vocale", denn gerade in der vorliegenden Mundart existiren viele Diphthonge, in denen das eine der beiden Elemente nur dumpf vor- oder nachklingt, nichtsdestoweniger aber seine ursprüngliche Klangfarbe noch mit einiger Sicherheit erkennen lässt.

Oft ist es mit viel Schwierigkeiten verbunden, zu unterscheiden, ob eine vocalische Verbindung, deren zweites Element nachtönt, ein- oder zweisilbig ist, mit anderen Worten, ob ihr der Charakter eines Diphthongs zukommt oder nicht. Dies gilt besonders von der Combination i_e, z. B. in si_e ciel. Ich rechne diese Fälle zu den Diphthongen, in erster Linie, weil mir die Aussprache dies doch zu fordern scheint, sodann aus dem Grunde, weil nach Analogie der übrigen romanischen Sprachen an Stelle von betontem lateinischen kurzen ě der Diphthong ié steht, dem in dieser Mundart i_e entspricht.

Die Zahl der in der Mundart von Sornetan vorhandenen Diphthonge ist keine sehr grosse; besonders beschränkt ist die Gruppe der Combinationen, die aus gleichwerthigen Elementen gebildet sind. — Die Gruppirung nehme ich vor nach Maassgabe des das erste Element darstellenden vocalischen Factors.

ia : sehr selten, z. B. in *diāl* diable, steigender Diphthong.

iä : z. B. in *pàsiäse* patience, steigender Diphthong.

iě : z. B. in *sěliěž̦e* cerise, fallender Diphthong.

i_e : z. B. in *si̧* ciel, fallender Diphthong.

oa : z. B. in *loardjī̧e* léger, steigender Diphthong.

$_o a$: z. B. in *or₀ay̧e* oreille, steigender Diphthong.

$o̧_e\ o_e$: z. B. in *grǫ̧* craie, fallende Diphthonge.

Anmerkung: Der Unterschied im Gebrauch von $o̧_e$ und o_e ist, soviel ich beobachtete, folgender: $o̧_e$ findet sich unter dem Accente stehend, o_e dagegen in unbetonten Silben. Im ersten Falle haben wir: *djō̧e* (gaudia lat.), im zweiten *ęlo̧edjī̧e.*

$_o ä$: z. B. in *äv₀äņe* avenam, steigender Diphthong.

uå : in *uåy̧e* oleum, steigender Diphthong.

Anmerkung: Fälle von $ū_e$ in *djū̧e*, *fū̧e* etc. rechne ich nicht hierher, da mir die Aussprache zwei Silben in der Combination $ü_e$ anzudeuten scheint.

Consonanten..

Das vorliegende Schema stützt sich auf das Schema der französischen Laute, wie es Herr Prof. Tobler in seiner französischen Lautlehre aufstellt. Bei der so nahen Verwandtschaft dieser Mundart mit dem Nordfranzösischen, glaubte ich am besten zu thun, mich auch hierin nahe an die für das Französische geltende Theorie anzulehnen, und das folgende wird zeigen, dass diese Anlehnung berechtigt war. Dass am französischen Systeme Modificationen vorgenommen werden mussten, brauche ich nicht zu erwähnen.

$b =$ französisches b
$d =$ „   d } stimmhafte Lenes oder Mediae.
$g =$ „   g

$p =$ französisches p
$t =$ „   t } stimmlose Fortes.
$k =$ „   k

$v =$ französisches v, stimmhafter Labio-Dental.
$f =$ franz. f, stimmloser Labio-Dental.
$\check{z} =$ franz. g vor e und i, stimmhafter breiter Zischlaut.
$\check{s} =$ franz. ch, stimmloser breiter Zischlaut.
$z =$ franz. z, stimmhafter spitzer Zischlaut.
$s =$ franz. s nach Consonanten (hart zu sprechen), stimmloser spitzer Zischlaut.
$r =$ franz. r (roulé) } Liquiden.
$l =$ franz. l
$n =$ franz. n, dentaler Nasal.
$m =$ franz. m, labialer Nasal.

Durch Combinirung von Nasalen mit Vocalen entstehen die in dieser Mundart sehr zahlreichen Nasalvocale. Die Nasalirung bezeichne ich, wie schon bemerkt, durch einen über dem betreffenden Vocal stehenden Circumflex.

Als Nasalvocale kommen besonders vor: $\tilde{a}$, $\tilde{\bar{a}}$ sehr häufig; ferner $\tilde{e}$, $\tilde{\rho}$, $\tilde{i}$, $\tilde{\bar{o}}$, $\tilde{o}$, $\tilde{u}$, $\tilde{\bar{u}}$.

Anmerkung: $\tilde{i}$ findet sich nur selten, z. B. in $\tilde{i}$ aus unum.

Palatale Laute.

tš : z. B. *tšámbr* chambre, harter Palatallaut ＝deutsch tsch.

dj : z. B. *djĕmā* jamais, weicher Palatallaut ＝ ital. gi in
giammai.

Anmerkung: Es sind in dieser Mundart weit weniger
Varietäten von Palatal- und Interdentallauten vorhanden, als
z. B. in den waadtländer Mundarten. Die Combinationen dz,
tz, ts, welche dort z. B. für ca eintreten, werden hier durchgängig durch tš und dj wiedergegeben.

y ＝ deutsches j wie in täriby₀.

Eine zweite Categorie, die eigentlich in das Gebiet der
Palatalen gehören, bilden die

Mouillirten Laute.

ny : mouillirtes n ＝ dem mouill. n in franz. maligne.

ẏ : vertritt mouillirtes l des Französischen, doch ist das
l-Element als solches nicht mehr hörbar; *ẏ* wird
ausgesprochen wie der in franz. feuille befindliche mouillirte Laut, aber ohne l zu betonen.

hy : palataler Spirant.

hy ＝ dem ch im deutschen „ich", z. B. in *työnühy₀*
conunculam.

h ＝ deutsch h.

Ich erwähne die Aspirata absichtlich zuletzt, da sie nur
in seltenen Fällen auf romanischem Gebiet anders, denn als
Schriftzeichen sich findet. In dieser Mundart aber wird sie
bisweilen sehr deutlich und unverkennbar ausgesprochen. So
in *hăt₀* altum.

III. Vocalismus der Mundart von Sornetan im Berner Jura.

Betonte Vooale.

á

I. á lateinisch in offener Silbe.

ascultare	—	ẹ̄kutū̃	— écouter
duplare	—	dubyā	— doubler
computare	—	kūtā̃	— compter
nasum	—	nū̃	— nez
rarum	—	rū̃	— rare
rapam	—	rāvₑ	— rave
clarum	—	syā	— clair
clavem	—	syū̃	— clef
amare	—	ǎ̃mā	— aimer
cantare	—	tšǎ̃tǎ	— chanter
intrare	—	åtrā	— entrer
portare	—	portā̃	— porter
appellare	—	apĕlā	— appeler
armare	—	armū̃	— armer
exprobare	—	ẹ̄prōvā̃	— éprouver
portabat	—	portā̃	— portait
ascultate	—	ẹ̣kutā̃	— écoutez

1. Im Allgemeinen bleibt lat. á in offener Silbe als *a*
erhalten, während im Französischen die Trübung von a zu e
eintritt.

Anmerkung: alam verwandelte á zu *ã*, also:

alam — *ãlₑ* — aile

Es ist diese Verwandlung zu *å* vielleicht hervorgerufen durch Analogie mit Fällen auf *ál*, bei denen die Verwandlung von *ál* zu *á* die regelmässige ist: siehe hospitäle — *otâ* — hôtel.

de mane	—	*dĕmã̆*	—	demain
granum	—	*grã̄*	—	grain
panem	—	*pã̄*	—	pain
sanum	—	*sã̄*	—	sain
tabanum	—	*lavã̄*	—	taon
grana	—	*grã̆ne*	—	graine
lana	—	*lã̆n͵*	—	laine
plana	—	*pyã̆n͵*	—	plaine

2. Folgt auf *á* in offener Silbe m oder n, so tritt Nasalirung des a ein, jedoch nicht, wie man erwarten sollte, zu *ã̆*, sondern zu *ã̄*. Folgte nun im Lateinischen auf das n oder m noch ein a, so bewirkte dieses die Erhaltung des n in seiner ursprünglichen Geltung trotz der gleichfalls stattfindenden Nasalirung. Dasselbe Verfahren wurde von Häfelin in manchen Neuchâteller Mundarten beobachtet.

-átum, -átis:

pratum	—	*prã̄*	—	pré
mal-gratum	—	*mägrã̄*	—	malgré
ablatum	—	*byã̄*	—	blé
cantatum	—	*tsã̄tã̄*	—	chanté
nominatum	—	*nomã̄*	—	nommé
occupatum	—	*okü̆pã̄*	—	occupé
cantatis	—	*tsã̄tã̄*	—	chantez

3. In -atum, -atis bleibt a gleichfalls erhalten.

4.   av : clavem — *syã̄* — clef

Hier fiel v ohne irgend welche Einwirkung auf a zu üben ab. Aber: clavum — *syō̆* — clou

5. Ist das *ō̆* in *syō̆* das Resultat einer Verbindung von a mit dem vocalisch gewordenen v oder hat das u der Endung nur seinen Einfluss geltend gemacht? Ich möchte eher das erstere annehmen, da die Endung „um" gewöhnlich keinen Einfluss übt und sicher schon sehr früh abgefallen ist.

-atem:	veritatem	—	*voártä*	—	vérité
	libertatem	—	*libartä*	—	liberté
	sanitatem	—	*sä̃tä*	—	santé
	bonitatem	—	*bũtā*	—	bonté

6. Auch in der Endung -atem bleibt a entgegen dem Französischen erhalten.

-ál:	hospitale	—	*ō̤tá*	—	hôtel
	talem	—	*tä*	—	tel
	sal	—	*sä̃*	—	sel
	canalem	—	*tšĕnä̃*	—	canal
	palum	—	*pä̇*	—	pieu

7. -ál wird in der Mundart von Sornetan regelmässig zu *ä*. Ich nehme an, dass sich l zu u vocalisirt und dies u sich dann mit *ä̃* verbunden hat. Durch allmälige Modification mag dann das aus au entstandene offene o sich zum Laute *ä* entwickelt haben.

ä̃ in Verbindung mit Palatalen.

Palatale, welche direct a vorangeht:

de-abantiare	—	*dĕväsī̤ₑ*	—	devancer
excorticare	—	*r̄korťšī̤ₑ*	—	écorcher
manducare	—	*mä̃dji̤ₑ*	—	manger
praedicare	—	*prō̤ₑdji̤ₑ*	—	prêcher
repropiare	—	*rĕprōdji̤ₑ*	—	reprocher
cambiare	—	*tšä̃djī̤ₑ*	—	changer
immanicare	—	*ä̃mä̃dji̤ₑ*	—	emmancher
somniari	—	*sŭdji̤ₑ*	—	songer
defoliare	—	*dₑfōyī̤ₑ*	—	défeuiller
collocare	—	*kuťsī̤ₑ*	—	coucher
alleviare	—	*ēlo̤djī̤ₑ*	—	alléger
bajulari	—	*bayī̤ₑ*	—	donner
balneare	—	*bä̃nyī̤ₑ*	—	baigner
Participia:				
re-exvigiliatum	—	*rĕvoayī̤ₑ*	—	réveillé
(in)cuminitiatum	—	*kĕmä̃šȶ*	—	commencé
bajulatum	—	*bayī̤ₑ*	—	(donné)

2

8. Das Verhältniss von a zu den Palatalen bildet eine interessante Frage. In unserem Pâtois ist die Behandlung dieser Fälle eine sehr regelmässige. Die Palatalis, welche dem a vorangeht, bewirkt die Verwandlung desselben zu i anstatt zu e, wie sonst der Fall ist. Ich sage, a wurde zu i; heute ist dies der Fall; dem sehr langen i folgt noch ein dumpfer e-Laut: —$_e$, der bald stärker, bald schwächer hörbar ist. Ich bin überzeugt, dass früher dieser e-Laut viel heller geklungen hat und dass ihm in der ältesten Zeit noch ein r nachfolgte. Wir hätten so den in unserer Mundart sehr beliebten fallenden Diphthong íe als Grundlage dieses i_e anzusehen.

Der Diphthong *íe* seinerseits mag aus ié entstanden sein. Später hat sich dann der Accent auf i zurückgezogen.

Der Einfluss der Palatalis ist im Particip ebenso stark wie im Infinitiv. Das zeigen *rĕvoayí$_e$*, *kĕmā̆sī$_e$* etc., die oben erwähnt sind.

Palatalis oder Gutturalis ursprünglich durch eine Dentalis von a getrennt.

adjutare	— *ēdí$_e$*	— aider
allactare	— *alātí$_e$*	— allaiter
allectare	— *aloatš̆ī$_e$*	— allécher
coactare	— *koatš̆ī$_e$*	— cacher

9. Die blosse Nachbarschaft einer Palatalis genügt, um a in i zu verwandeln.

Anmerkung: fidare — *fyā* — (confier) fällt nicht unter diese Rubrik, weil hier das i einen integrirenden Bestandtheil des Stammes ausmacht.

Weitere Fälle, Gutturalis + a:

mercatum	— *martš̆í$_e$*	— marché
necare	— *noayí$_e$*	— noyer
siccare	— *soatš̆ī$_e$*	— sécher
caram	— *tš̆í$_e$r*	— chère
jocare	— *djū̆r*	— jouer

10. Auch die Gutturales haben die Wirkung der Palatales.

Wie *djūr* von jocare abzuleiten ist, ist mir nicht klar.
Eine Möglichkeit wäre die, dass ursprünglich nach dem ge-
dehnten *ū* ein e folgte, was überhaupt vor r in solchen Fällen oft zu constatiren ist. Dies e als Vertreter des lat. a
muss ursprünglich den Accent getragen haben, der dann allmälig auf die vorhergehende Silbe sich zurückgezogen hätte.
Leider fehlen Gründe, um diese Hypothese weiter zu be-
festigen.

s + a oder z + a:

baptizare	—	*bătayī$_e$*	— baptiser
blotzen*	—	*blotšī$_e$*	— (pincer)
bassare	—	*baši$_e$*	— baisser
danzare*	—	*dãsī$_e$*	— danser

11. Auch s + z üben diesen i-erzeugenden Einfluss aus.

a und folgende Palatalis:

majum	—	*mę*	— mai
veracem	—	*vĕrę*	— verai

12. In diesen Beispielen verwandelt sich a unter dem
Einfluss der Palatalis zu ę. Leider konnte ich nicht zahl-
reichere Fälle dieser Categorie constatiren und auch die vorliegenden könnten, ihrem allgemeinen Character nach zu
schliessen, leicht dem Französischen entnommen sein.

II. Lateinisches ǎ in offener Silbe.

făbam	—	*fāve*	— fave
căvam	—	*kāv$_e$*	— cave
măcer	—	*māgr*	— maigre
săpam	—	*sāv$_e$*	— sève

13. Lat. ǎ wird in dieser Mundart der Regel nach zu *ā*.
Die Behandlung ist also analog der des á lat.
Aber: măre — *mēr* — mer
14. Das ǎ in mare wurde zu *ē*; auch hier ist es wiederum
fraglich, ob wir es mit einer Ausnahme zu thun haben, die
die Entwicklung der Mundart mit sich brachte, oder ob französischer Einfluss im Spiele ist.

2*

-ăn, -ăm: fāmem — fā̆ — faim
         amo — ă̄ma — aime
         manum — mā̰ — main

15. ăn und ăm werden wie die entsprechenden Combinationen von ắ zu ā̄ nasalirt.

-ăl: animăl — animâ — animal
       măle — mă — mal

16. ăl wird wie ắl behandelt.

-ăbem: Beispiele fehlen.

ă in Verbindung mit Palatalen.

Palatale, die direct vor a steht:
        casam — tšī — chez
        canem — tšĭ — chien

17. Die Palatalis bewirkt hier die Verwandlung von a zu i.

ă und Guttural:
        jam-măgis — djĕmā — jamais
        măgis — mā̰ — mais

18. In beiden Fällen liegt Abfall des g vor; ă wird in djĕmā zu ắ, in mā̰ zu ă. In letzterem Worte haben wir das auffallende Phänomen secundärer Nasalirung, das Gilliéron an einigen Punkten im Wallis beobachtete.

III. a in lateinischer und romanischer Position.

vacca — vatš, — vache
arborem — ă̆br — arbre
animam — ă̄m, — âme
diabolum — diūl — diable
crassum — grā̄ — gras
male-habitum — mălale — malade
passum — pā̄ — pas
tabulam — tăby, — table
sabulum — šă̆byŭ — sable
saccum — sa — sac

19. Ich constatire im Allgemeinen Erhaltung des a in der Position und zwar in der grossen Mehrzahl der Fälle als *à*. Warum ist dies nicht auch der Fall in saccum?

a + r + Consonant:

arcam	— *artš*$_c$	— archo
barbam	— *barb*$_e$	— barbe
largum	— *lardj*$_e$	— large
partem	— *pă*	— part

20. Die Erhaltung des a vor r + Consonant findet dann statt, wenn auf r noch Consonantenverbindungen folgen, deren Abfall nicht möglich ist: *tš*, *dj*; sind solche nicht vorhanden, so tritt, wie in *pă*, Abfall des r und der folgenden Consonanten ein und a wird dann zu *ā* verlängert.

a + t + r	fratrem	— *fràr*	— frère
	matrem	— *mār*	— mère

21. In Position vor tr erhielt sich a ebenfalls als *ā*; sehr frühzeitig fiel t aus.

-an, -am + Consonant:

de-ab-ante	— *děvā̃*	— devant
infantem	— *ä̀fū̃*	— enfant
flammam	— *syä̃m*$_e$	— flamme
sanguem	— *sä̃*	— sang
cam(e)ram	— *tšä̃mbr*	— chambre
tantum	— *tä̃*	— tant

22. an, am in Position werden zu *ã* nasalirt; wir haben also gleiches Verfahren wie in der offenen Silbe.

a + Consonant + Semipalatal:

castaneam	— *tšātany*$_e$	— châtaigne
cavea	— *kadj*$_e$	— cage
rabiem	— *radj*$_e$	— rage
glaciem	— *yas*$_e$	— glace
plateam	— *pyas*$_e$	— place

23. a in Position vor Consonant und Semipalatal erhielt sich gewöhnlich als a kurz.

Palatalis (oder Gutturalis) + a in Position:

leviarium	— *loardjĭ_e*	— léger
capram	— *tšĭ_evr*	— chèvre
carnem	— *tšē̜_e*	— chair
carrum	— *tšē̜_e*	— char

24. In diesem Falle verwandelt sich a theils zu ē̜, theils zu *i*.

a + Palatalis oder Gutturalis + Consonant:

fac(e)re — *fār* — faire

25. Wenn dies Beispiel echt mundartlich ist, so hätten wir hier in der Mundart ganz wie im Französischen die Auflösung des c zu i, dessen Verbindung mit a zum Diphthong ai und sodann dessen Verwandlung in ā zu constatiren.

-arium, -ariam:

februarium	— *favrī_e*	— février
extrancarium	— *ē̜trā̃djĭ_e*	— étranger
caldariam	— *tšādir_e*	— chaudière
deretrarium	— *dĕrī_e*	— derrière

26. Die Fälle von -arium sind so wichtig, dass sie wohl verdienen eine eigene Gruppe zu bilden. Mir scheint die Entwicklungsreihe folgende zu sein auch in dieser Mundart: arium, dann Hereinziehung des i in die Tonsilbe und Vorstellung desselben vor a, das sich zu e trübte. Wir haben so einen fallenden Diphthong ie anzusetzen mit darauf folgendem, deutlich hörbarem r. Letzteres verstummte dann im Lauf der Zeit, das e-Element des Diphthongs wurde successive schwächer, bis die Entwicklung auf dem heutigen Standpunkte anlangte. Diese Entwicklungsreihe wird von Autoritäten fürs Französische angenommen, und scheint es mir sehr naheliegend, auch die Mundart mit ihr zu erklären. Ein Hauptunterschied zwischen dem Französischen und der Mundart besteht in der Art des Diphthongen, der im Französischen steigend, in der Mundart fallend ist. Doch finde ich hierin wenig Auffallendes, da das von mir behandelte Pâtois eine grosse Vorliebe für fallende Diphthonge zeigt.

-al + Consonant:

ad vallem	—	*avd*	— aval
caballum	—	*tšĕvā*	— cheval
falcem	—	*fā* ·	— faux
falsum	—	*fä*	— faux
altum	—	*hǟ*	— haut
alterum	—	*ǟtr*	— autre
psalmum	—	*psyä̊m*	— psaume.

27. Diese Fälle sind in zwei Gruppen zu zerlegen, je nachdem die Position durch Gemination des l oder durch l und Consonant hervorgerufen wird. Im erstern Falle wird a zu å, im letztern (l + Cons) zu ā̊.

-aticum:

aetaticum	·—	*adjₑ*	— âge
damnaticum	—	*dōmadjₑ*	— dommage
formaticum	—	*frĕmadjₑ*	— fromage
herbaticum	—	*arbadjₑ*	— herbage
linguaticum	—	*lågadjₑ*	— langage
maritaticum	—	*mariadjₑ*	— mariage
visaticum	—	*vĕzadjₑ*	— visage

28. Auch in diesem Falle constatire ich durchgängige Erhaltung von a.

6

I. é lateinisch in offener Silbe.

Allgemeines.

29. Zur Erklärung der mundartlichen Beispiele schien mir am besten, an der Entwicklungsreihe festzuhalten, die für das Französische dient. (Tobler.) Nach dieser haben wir folgende Stufen:

lat. ē = roman. ę zu *ęi*

zu *oi*

zu *óe* (offenes e)

zu *oé* (offenes e)

Diese Stufen sind fürs Französische sämmtlich nachge-

wiesen mit Ausnahme von *oe* (offenes e), die nur angenommen
wird. *oé* (offenes e) wurde in der ersten Hälfte des 17. Jahrhunderts noch überall gesprochen anstatt des heutigen oa.
Fürs Französische trat nun auf der zuletzt erwähnten Stufe *oé*
(e offen) eine doppelte Behandlung ein, für die weiter keine
Gründe sich anführen lassen. Da der Accent schon auf dem
zweiten Elemente ruhte, so überwog in manchen Fällen die
Neigung, das o-Element ganz zu unterdrücken, was in cretam
— craie geschehen ist. In andern Fällen entwickelte sich
oé (e offen) mit Erhaltung des o-Elements zu *oa*, wie wir es
im heutigen Französisch noch haben: credam — que je croie.
   Analoge Entwicklung glaube ich auch in der Mundart
nachweisen zu können; es herrscht dort grosse Mannigfaltigkeit der Beispiele, die sich aber alle auf die oben erwähnte,
fürs Französische angesetzte Reihe zurückführen lassen.

credo	— *krā*	— crois .
candelam	— *tšādūle*	— chandelle
potĕre*	— *poyā*	— pouvoir
crēdit	— *krā*	— croit
burge(n)sem	— *bordjā*	— bourgeois
friburge(n)sem	— *fribordjă*	— fribourgeois

30. Das in vorliegenden Beispielen entwickelte *à* scheint
mir von der Stufe *oé* (e offen) herzukommen. Ganz analog
dem Französischen ging das *o*-Element verloren und das offene *e*
verwandelte sich in sehr offenes *a*, wie es gerade hier mundartlich sich findet. Dieser Uebergang von offenem *e* zu *a*
scheint mir durch die Thatsache der Wandlung *oē* zu *oa* im
Französischen genügend beglaubigt. Das *ā* der Mundart rührt
von der Unterdrückung des o-Elementes her, welche die Deh-
nung von *a* bewirken musste. Die Beispiele burgensem —
friburgensem gehören hierher und nicht zur Position, da n
schon sehr frühzeitig ausfiel.

mensem —	*moa*	— mois
habere —	*avoa*	— avoir
sapēre* —	*savoa*	— savoir
cadēre* —	*tšoa*	-- chĕoir

31. Ich bin zweifelhaft, ob ich es hier mit französischen Worten zu thun habe, oder ob diese Beispiele eben doch echt mundartlich und nur zufällig mit dem Französischen übereinstimmend sind. Ist letzteres der Fall, so constatire ich auch in der Mundart die Entwicklung von *oé* (e offen) zu *oa*. Bestärkt in dieser Ansicht wurde ich durch *noa* aus nīvem = nevem — neige französisch, ein Wort das zweifelsohne dem Pâtois angehört.

-enum, -enam:

plenum	—	*pyē*	—	plein
racémum	—	*razē*	—	raisin
renes	—	*rē̃*	—	reins

32. In diesen Fällen wurde nasalirt und durch die Nasalirung die weitere Entwicklung des Vocals aufgehalten. Allein auch hierin besteht nicht absolute Consequenz, da man hat:

strenas	—	*ētrȫne*	—	étrennes
venenum	—	*rĕnī̃*	—	venin

33. In venenum haben wir den Uebergang von e zu i und Nasalirung des letztern; die Entwicklung ist der französischen vollkommen analog, nur dass im Pâtois der Nasalvocal seine ursprüngliche *i*-Geltung erhalten, im Französischen aber sie gegen nasalirtes offenes *e* eingetauscht hat. Gründe zu diesem Vorgehen der Sprache hat man bis jetzt noch nicht entdeckt. Die Ausnahme strenas — *ētrȫne* lässt sich allenfalls dadurch beseitigen, dass man statt strenas ein Etymon strīnas zusetzt; dann wäre die Entwicklung *īn* zu *ōn* regelmässig.

avenam	—	*av„ā̃n_c*	—	avoine
venam	—	*r„ā̃n_e*	—	veine

34. Diese beiden Fälle stellen eine abermalige Abweichung von der regelrechten Behandlung von -enum, -enam dar. Die oben angesetzte Reihe giebt uns aber den Schlüssel zu ihrer Erklärung an die Hand:

Während bei plenum — *pyē* die Entwicklung schon im ersten Stadium durch den Nasal aufgehalten wurde, erreichte sie in diesen beiden Fällen einen relativ hohen Grad. Beinahe wäre das *o*-Element ganz unterdrückt worden. Allein diesen Fortschritt verhinderte der Nasal. Interessant ist der Vergleich mit dem Französischen: die Mundart war, wie so oft, auch in diesem Fall consequenter und behandelte die unter absolut gleichen Bedingungen stehenden Worte auch gleich; französisch dagegen haben wir avoine und veine. — avoine erreichte die letzte Stufe der französischen Entwicklung nach der einen Seite hin [mit Erhaltung des *o*-Elements und Umwandlung von *i* zu *a*], während veine die Endstufe der andern Entwicklung repräsentirt [Unterdrückung des *o*-Elements und Alleinherrschaft des offenen e].

$$\text{reginam} \quad - \quad r\tilde{a}n_\epsilon \quad - \quad \text{reine}$$
$$\text{catenam} \quad - \quad \check{ts}\tilde{a}n_\epsilon \quad - \quad \text{chaîne}$$

35. In beiden Fällen haben wir eine der französischen analoge Entwicklung: Zurückziehung des Accents und Zusammenziehung zweier Silben zu einer einzigen. Zweifelhaft bleibt es immerhin, ob diese Worte nicht einfach französisch sind und bei ihrem Uebergang ins Pâtois nur die Färbung desselben angenommen haben.

Besondere Behandlung von:

$$\text{cretam} \quad - \quad gr\tilde{o}_\epsilon \quad - \quad \text{craie}$$
$$\text{setam} \quad - \quad s\tilde{o}_\epsilon \quad - \quad \text{soie}$$

36. Ohne die anfangs erwähnte Ableitungsreihe dürfte es schwierig sein, eine befriedigende Erklärung dieser beiden Fälle zu geben. Wir haben es hier offenbar mit der Stufe *óe* (e offen) zu thun; der Diphthong war also noch fallend und die Stufe eine relativ alte. Bei der ausgesprochenen Vorliebe dieser Mundart für fallende Diphthongen scheint mir dies Festhalten an denselben leicht erklärlich. Der Diphthong blieb also fallend und seine Tendenz ging nun dahin, das zweite Element *e* möglichst zu schwächen, so dass wir heute an seiner Stelle nur noch einen dumpfen Laut vorfinden. Dieser dumpfe Laut vertritt zugleich das ehemalige *e* des Diphthongs und das aus am resultirende dumpfe e = —$_\epsilon$ am Ende des Wortes.

Anmerkung: monetam — *mûnā* — monnaie hat eine andere Entwicklung eingeschlagen, die schon unter 30 charakterisirt wurde.;

c + e: ceram — *sīr*, — cire
pullicenum — *pūsī* — poussin

37. Es liegt in diesem Fall die gleiche Entwicklung wie im Französischen vor, wo auch c + ō lateinisch zu i wurde. Gründe wüsste ich keine anzuführen. In der Mundart findet dies Vorgehen nicht immer statt, wie racemum — *razē* zeigte.

tapetium — *tapi* — tapis.

38. Wenn dies Wort nicht dem Französischen entlehnt ist, so zeigt es die gleiche Behandlung von ti im Pâtois und der französischen Sprache.

II. ĕ lateinisch in offener Silbe.

fĕrum — *ʃiĕ* — fier
fĕrit — *ʃiĕ* — (il frappe)
pĕdem — *piĕ* — pied
petram — *piĕr* — pierre

39. Es scheint mir hier Diphthongirung von ĕ zu ie vorzuliegen, die übrigens ja auch zu erwarten ist. Das zweite Element ĕ tritt hier ziemlich stark hervor. Um dies zu veranschaulichen, setzte ich statt des gewöhnlichen —, ein ĕ. Das r fiel ab ausser in *piĕr*. Interessant ist wiederum der fallende Diphthong *iĕ*, der an Stelle des französischen steigenden ié sich findet.

-ĕn: bĕne — *bē* — bien
tĕnet — *tē* — tient
vĕnit — *rē* — vient

40. Bei ĕn findet keine Diphthongirung statt; sie scheint durch den folgenden Nasal aufgehalten worden zu sein.

e + z-Laut: dĕcem — *diĕʃ* — dix

41. In diesem Falle tritt Diphthongirung wiederum mit fallendem Diphthonge ein.

Anmerkung: Dĕum — $D\bar{\ddot{u}}_e$ — Dieu. Die Herleitung dieses Wortes ist mir unklar. Liegt hier Accentverschiebung und Zusammenziehung von Dĕum zu Dūm $= D\bar{\ddot{u}}_e$ vor? Oder dürfte man Diphthongirung des ĕ zu *ie* annehmen, also *Diĕ* setzen, nachdem um abgefallen war. Der fallende Diphthong darf uns dabei nicht wundern. Die Form *Diĕ* ist die im Pâtois von Diesse gebräuchliche Form. Von *Diĕ* zu $D\bar{\ddot{u}}_e$ gelangt man durch Verwechslung des i mit ü, allein diesen Uebergang so ohne weiteres anzunehmen scheint mir zu gewagt.

-ĕl   mĕl — ml_e — miel

42. Auch in diesem Falle haben wir offenbar Diphthongirung von ĕ zu ie, dann zum fallenden Diphthong $\bar{i}_e$.

III. e in lateinischer und romanischer Position
er + Consonant:

herbam	—	$\check{\gamma}erb_e$	— herbe
ferrum	—	$f\bar{\varrho}_e$	— fer
hibernum	—	$\delta v\bar{\varrho}_e$	— hiver
nervum	—	$n\bar{\varrho}_e$	— nerf
vermem	—	$v\bar{\varrho}_e$	— ver
terram	—	$t\bar{\varrho}_{\!}r$	— terre
infernum	—	$\mathring{a}f\bar{\varrho}_e$	— enfer

43. In allen solchen Fällen constatire ich Erhaltung des e als $\bar{\varrho}$. Ist die Position durch geminirtes r hervorgerufen, so bleibt der r-Laut erhalten: $t\bar{\varrho}_{\!}r$; sonst fällt das r ab, dagegen erinnert noch ein dumpfes $—_e$ an die Zeit, wo r wirklich noch hörbar war. Ein solches eingeschobenes $—_e$ vor r gehört zu den Eigenthümlichkeiten dieser Mundart.

Anmerkung: Ein ganz eigenthümliches Wort ist

lacertam — $\bar{\varrho}y\check{o}\check{z}ar$ — lézard

Die Herleitung ist mir unklar. Trennen wir $\bar{\varrho}$ von $\bar{\varrho}y\check{o}\check{z}ar$ ab und betrachten yŏžar allein, so scheint dasselbe allerdings dem Etymon lacertam zu entsprechen, wenn wir den frühzeitigen Wechsel von lacertam zu lecartam ins Auge fassen.

Freilich ist diese Entwicklung durchaus keine gewöhnliche und ich erlaube mir nur als von einer Hypothese meinerseits von ihr zu sprechen.

Das $\bar{e}$ von *ẹyȍžar* könnte eventuell der vocalische Bestandtheil des Artikels *lö* sein, der sich infolge Verwechslung mit der Zeit ans Substantiv angelehnt hätte. Freilich müssten wir dann *öyȍžar* und nicht das vorhandene *ẹyȍžar* erwarten. Allein hier könnte die Tendenz der Dissimilation thätig gewesen sein, welche zwei so nahe auf einander folgende $\bar{o}$ zu beseitigen suchte. — Ich wiederhole, dass ich diese Vermuthung durchaus nur deshalb hier gebe, weil es mir wünschenswerth erscheint, über derartige schwer zu erklärende Worte wenigstens Ideen zu äussern, die, wenn vielleicht auch falsch, oft gerade durch ihre Widerlegung auf den richtigen Weg führen. Schliesslich sei bemerkt, dass in dieser Mundart sowohl *ẹzȍžardo* als auch *ẹyȍžar* gesprochen wird, wir also sowohl lacertam als lacertum als Etymon ansetzen dürfen.

- en oder - em + Consonant:

pend(e)re	—	*pådr*	— pendre
argentum	—	*ardjä*	— argent
membrum	—	*màbr*	— membre
contentum	—	*kūtâ*	— content
attend(e)re	—	*atâdr*	— attendre
tempus	—	*tå*	— temps
conscientiam	—	*kūsiås$_c$*	— conscience
descend(e)re	—	*dẹšådr*	— descendre
patientiam	—	*påsiås$_c$*	— patience
vendemmiam	—	*vådädj$_c$*	— vendange
fem(i)na	—	*fän$_c$*	— femme
vendere	—	*vådr*	— vendre
venter	—	*våtr*	— ventre
dentem	—	*då*	— dent
gentem	—	*djå*	— gents
serpentem	—	*sarpå*	— serpent
ventum	—	*vå*	— vent

44. Bei -en und -em und Consonant herrscht grosse Regelmässigkeit. Es tritt überall *ä* dafür ein.

Anders behandelt:

ten(e)rum	—	*t₀ẽdr*	—	tendre
ten(e)ram	—	*t₀ẽdr*	—	tendre
generum	—	*djẽdr*	—	gendre

45. Statt *t₀ẽdr* erwartet man *tâdr*, statt *djẽdr djâdr*. Ferner ist nicht ersichtlich, warum in *t₀ẽdr* ein —₀ vorgeschlagen ist, nicht aber in *djẽdr*.

-ellum, -ellem:

agnellum	—	*anyę*	—	agneau
bellum	—	*bę*	—	beau
castellum	—	*tšẽtę*	—	château
martellum	—	*martę*	—	marteau
pellem	—	*pę*	—	peau
cultellum	—	*kutę*	—	couteau
novellum	—	*novę*	—	nouveau

46. Substantiva und Adjectiva auf -ellum, -ellem erhalten e in diesen Endungen unverändert und folgen darin stricte den Lautgesetzen des Altfranzösischen, das z. B. pellem als pel, bellum als bel erhielt, dagegen die entsprechenden Nominative bellus und pellis zu biaus und piaus, resp. beaus und peaus diphthongirte. Im Pâtois hat sich offenbar die Accusativform (bellum, pellem) allein erhalten. Mit der Zeit scheinen das Schluss-l abgefallen zu sein und die Formen bę, pę etc. sich ergeben zu haben. Dies ist nichts so Ungewöhnliches, als man auf den ersten Blick glauben könnte. In der französischen Umgangssprache finden sich vielmehr Analogien: der Name von Belfort wird meist nur Béfort gesprochen.

Anmerkung: *miₑ* — miel gehört nicht hierher, wie viele fälschlicherweise annehmen. Wir haben, wie schon bemerkt, ein Etymon měl und nicht mellem* oder melle anzunehmen. Die Entwicklung dieses Wortes in der Mundart bestätigt dies.

-ellam:

femellam	—	*fẽmäl₍*	—	femelle
bellam	—	*bäl₍*	—	belle

47. -el in ellam verwandelt sich zu äl. **Anmerkung:** Eine Ausnahme hiervon bildet scutellam — *ẹtyẹ̈lₑ* — écuelle.

Ich gebe hier wiederum eine etymologische Erklärung dieses Wortes und stelle folgende Reihe auf:

scutellam
stutellam [Wechsel von sc und st]
studellam
estuelle
ẹtyẹ̈lₑ

Die Verwandlung von estuelle zu *ẹtyẹ̈lₑ* bereitet Schwierigkeiten. Dagegen ist ẹ̈ der letzten Silbe dadurch zu erklären, dass die Palatale y das eigentlich zu erwartende a in ẹ̈ trübte. [Denn eigentlich sollte nach dem Vorgange von bellam — *balₑ ẹtyäl*ₑ entstehen.] Der Wechsel von sc zu st und der Vorschlag e vor st sind nicht ausserordentlich.

e + s impurum:

est	— å	— est
crescere	— krâtr	— croître
resto	— râta	— reste

48. e + s impur wird der Regel nach zu å.

Ausnahme: estis — *ētₑ* — êtes

49. *ētₑ* scheint mir unter französischem Einfluss entstanden zu sein.

e + Consonant + Gutturalis und e + Consonant + Semipalatalis:

medicum	— *mīₑdjₑ*	— (medecin)
maneriam	— *manīₑr*	— manière
materiam	— *materₑ*	— matière

50. In mĕdicum haben wir wohl Diphthongirung von e zu ie anzunehmen, während das nachtonige i ausfiel. Sodann trat der Accent wieder von e auf i zurück und das e-Element wurde zu —ₑ abgeschwächt.

manīₑr aus manĕriam erkläre ich durch folgende Reihe:
manĕriam — manieiram (durch Attraction des nachtonigen i

in die Hauptsilbe. Tobler). Sodann: *mani͜r* durch Vereinfachung von iei zu i. Das —, erklärt sich aus dem folgenden r.

In *mater*, aus materiam trat die Diphthongirung nicht ein, sondern die letzte Silbe fiel ab, ohne dass i in die Hauptsilbe gezogen wurde.

Anmerkung: Noch anders wurde behandelt: ministeriom — *mẹ̄tiy*, — métier. Zunächst entstand misterium, dann mistieirom, dann *mẹ̄tiy*,. Auch hier fand der übliche Uebergang von iei zu i statt; jedoch statt des zu erwartenden *mẹ̄tīr* entstand mẹtiy,, indem das in die Hauptsilbe attrahirte i in seiner j-Geltung weiter bestand, das r aber abfiel.

c + c + t: lectom   — *ỵ́ẹ̄* — lit

51. Ich stelle folgende Entwicklungsreihe auf: lectom — lieit (durch Diphthongirung und Vocalisirung des c). Sodann: li — iei zu i, und in diesem Pâtois: *ỵ́i*.

y͜ẹ̄, das wir vorfinden, konnte aus ỵ́i durch Dissimilation hervorgehen, indem der Sprache die Häufung so vieler i-Laute unangenehm war.

i

I. í lateinisch in offener Silbe.

i vor einfachen Consonanten ausser vor n:

dormire	—	*drōmi*	—	dormir
nidum	—	*ni*	—	nid
filum	—	*fi*	—	fil
olivam	—	*ọliv*,	—	olive
vivam	—	*viv*,	—	vive
cribrum	—	*kriby*,	—	crible
libram	—	*livr*	—	livre
scribo	—	*ẹkri*	—	écris
florire*	—	*syọ̆ri*	—	fleurir
tenire	—	*tĕni*	—	tenir

52. I in offener Silbe wird im Allgemeinen erhalten.

-ín: crĭnem* — $kr\check{\imath}$ — crins
       lĭnum — $\overset{\prime}{y}\check{\imath}$ — lin
       vĭnum — $v\check{\imath}$ — vin

53. -ín wird zu $\tilde{\imath}$ nasalirt. Dieser Nasalvocal $\tilde{\imath}$ bildet ein characteristisches Merkmal dieser Mundart. Anmerkung: Dass finem — $f\tilde{e}$ — franz. fin eine Ausnahme macht, beruht sicher auf französischem Einfluss.

-in + a der Femininendung:

spĭnam — $\bar{e}p\bar{o}n_e$ — épine
farĭnam — $far\bar{o}n_e$ — farine
vicĭnam — $v\bar{e}\check{z}\bar{o}n_e$ — voisine
famĭnam — $fam\bar{o}n_e$ — famine
fascĭnam — $fa\check{s}\bar{o}n_e$ — fascine
gallĭnam — $dj\bar{o}r\bar{o}n_e$ — (poule)

54. Die Endung -ĭnam wird, wie diese Beispiele übereinstimmend darthun, zu $\bar{o}n_e$. Es ist dies der offene ö-Laut, der sehr bestimmt und deutlich gesprochen wird. — In $dj\bar{o}r\bar{o}n_e$ ist der Accent auf die erste Silbe des Wortes zurückgetreten.

i + Vocal (durch Ausfall eines dazwischenliegenden Consonanten):

partĭtam — $part\bar{\imath}_e$ — partie
dico — di — dis
dicunt — $di\check{z}\mathring{a}$ — disent
amĭcum — ami — ami
inimicum — $\bar{a}n\check{e}mi$ — ennemi
formicam — $fr\check{e}mi$ — fourmi
urticam — $\bar{o}rti_e$ — ortie

55. Die ausfallenden Consonanten sind meistens c und t. Ihr Ausfall hat auf i keinerlei Wirkung. Dasselbe bleibt vielmehr erhalten.

-Icem: imperatricem — $imperatris_e$ — imperatrice

56. Die Beispiele auf -Icem werden ganz nach französischem Muster behandelt. Ich führte dies eine nur der Vollständigkeit halber an. Beiläufig sei bemerkt, dass das latei-

nische im hier seinen ursprünglichen Laut bewahrte; doch
beruht diese Erhaltung jedenfalls nur auf Zufall, dem in der
Entwicklung der Sprache eine, wenn auch beschränkte Rolle
zugewiesen werden muss.

-Ilis: canilem — *tšĕni* — chenil
          foenilem — *fĕni* — fenil
57. Auch in diesem Suffixe bleibt i erhalten.

-Ivus:
58. Beispiele und Behandlungsweise stimmen ganz mit
dem Französischen überein:
          nativus — *naif* — naif
          captivus — *tšętif* — chétif.

-Inus: Adjective auf -inus werden wie im Französischen
behandelt.

II. ĭ lateinisch in offener Silbe.

bĭbo	—	*boa*	—	bois
pĭlum	—	*poa*	—	poie
nĭvem	—	*noa*	—	(neige)
vĭdet	—	*roa*	—	voit
fĭdem	—	*ſoa*	—	foi
sĭtim	—	*soa*	—	soif
pĭcem	—	*poa*	—	poix
sĭne	—	*sẽ*	—	(sans)
sĭnus	—	*sẽ*	—	sein

59. Wie in allen romanischen Sprachen, ist auch in dieser Mundart die Behandlung von ĭ analog der von ę̆. In der
Mannigfaltigkeit der dortigen Entwicklung ist es die *oa*-Reihe,
die das ĭ mit Vorliebe durchläuft. Es besteht somit in diesem
Punkte eine sehr grosse Gemeinschaftlichkeit zwischen dem
Französischen und dem Pâtois von Sornetan. Ob bei letzterem die Entwicklung der *oa*-Reihe eine spontane, ihm eigen-
thümliche ist oder ob *oa* erst allmälig durch den zunehmen-
den französischen Einfluss importirt wurde, ist schwer zu
entscheiden. Dagegen spricht *noa* aus nĭvem, das im Neu-

französischen kein Analogon hat. Denn neige ist nach Tobler ein Verbalsubstantiv von neiger. Es wird dies noa also
als selbständige *oa*-Bildung des Pâtois zu betrachten sein.
    sïne — *sẽ* — (sans) ist regelmässig gebildet nach dem
Beispiel: plēnum — *pyẽ* — plein.
    Ausnahme: dïem wurde zu *dę* in den Zusammensetz-
ungen: Veneris diem — *várdę* — vendredi
       Mercuri diem — *mętyȯrdę* — mercredi
ï wurde in dïem regelrecht zu *ę*, hier blieb aber die Entwicklung stehen.
    Anmerkung: filiólum gehört nicht hierher, da bereits
im frühesten Volkslatein der Accent auf der vorletzten Silbe
ruhte.
    60. [Nicht hierher gehörig sind folgende Suffixe, welche
unbetont sind:
       -Icus, -Idus (rigidum), -Ilis (humilem);
die einzelnen Gruppen werden in den unbetonten Vocalen be-
rücksichtigt werden.]

III. i in lateinischer und romanischer Position.

ɪ in Position:
       originem — *orĭžin* — origine
       benignum — *bĕnẽ* — benin
       malignum — *malẽ* — malin
       vineam   — *vęny₍* — vigne
    61. Der Beispiele von ɪ in Position konnte ich nur ein
einziges auffinden, das sicher echt mundartlich ist, nämlich
vęny₍, wo ɪ zu *ę* wurde. Die übrigen Beispiele sind offenbar
dem Französischen nachgebildet. Aus diesem einen Beispiele
vęny₍ darf natürlich keinerlei Schluss auf die allgemeine Behandlung dieses übrigens seltenen Falles gezogen werden.
    ɪ in Position: findere — *fâdr* — fendre
       lingua — *lȧg₍* — langue
       subinde — *sovȧ* — souvent
    62. Im Französischen wird ï in Position im Allgemeinen

zu e. Derselbe Entwicklungsgang scheint mir in der Mundart vorzuliegen: auch hier in zu *en* und dann wie en in Position zu *â*.

Ausnahme: quindecim — *tyêz$_e$* — quinze. Liegt hier Einfluss der secundär entstandenen Palatalis vor, die die Verwandlung von en zu *â* hindert?

-ĭculam: auriculam — *or$_o$ay$_e$* — oreille

63. Aus auriculam wird auriclam, sodann entsteht mouillirtes l, das in dieser Mundart bald durch *ý*, bald durch einfaches y wiedergegeben wird. Das i, worauf es hier ankommt, verwandelt sich in den Diphthong $_o$a. Leider sind auch die Fälle auf -ĭculam und -ĭculum, die nicht dem Französischen nachgebildet sind, sehr selten.

-ĭllus, -cillus:

64. -ĭllus und -cillus werden nach gemeinromanischem Vorgehen durch -ellus und -cellus ersetzt.

-illare (Conjugation):

65. Wird mit -ellare vertauscht. -illare kommt nur insoweit in Betracht, als es zur Bildung von Verbalformen dient, die den Accent auf i resp. e tragen.

i + gu:

66. Die Beispiele sind ganz nach französischer Norm gebildet.

-itiam, -itium:

67.   avaritiam — *avaris$_e$* — avarice
       servitium — *sarvis$_e$* — service.

i vor r + Consonant:

       firmum — *farm$_e$* — ferme
       vir(i)dem — *voa* — vert
       virgam — *voardj$_e$* — verge

68. Für ir und Consonant tritt a oder oa ein. Hat ein Uebergang durch e stattgefunden? Für diese Annahme, die an sich sehr naheliegend scheint, spricht nicht die Behandlung von e + r + Consonant, wo e erhalten bleibt. ·

Einzelne Fälle:

siccum — *sḋ* - sec
bib(i)tis — *boat* — (buvez)
bib(e)re — *boa*

69. Auch hier wieder constatire ich die Neigung, i positione durch *ȧ* und *oa* zu ersetzen.

ó

I. ó lateinisch in offener Silbe.

totum — *to* — tout
totam — *toț* — toute

70. Ich bin zweifelhaft, ob wir es bei genanntem Beispiele mit unbetontem oder betontem o zu thun haben, mit andern Worten, ob *to* und *toț* enclytisch oder mit selbständiger Betonung gebraucht wurden. Ist letzteres der Fall, so constatire ich hiermit die Erhaltung des lateinischen ó, während das Französische in tout bereits um eine Stufe weiter fortgeschritten ist.

ó vor einfacher Consonanz:

horam — *ūr̦* — heure
sposam — *ẹ̄pūz̦* — épouse
nodum — *nū* — noeud
mobilis — *muby̦* — meuble

71. In der Mehrzahl der Fälle wird ó zu ū. Im Französischen finden wir gerade in den vorliegenden Beispielen (ausser épouse) ein eu = ō vor, das Pâtois ist also auch hier gegenüber dem Französischen um eine Stufe zurückgeblieben. Dass man im Französischen nicht épeuse sagt, wird wohl der Einwirkung des Verbums épouser zu verdanken sein.

Anmerkung: [ŏvum] — *ü̦* — oeuf gehört nicht hierher, da wir nach gemeinromanischem Vorgang nicht ōvum, sondern ŏvum als Etymon anzunehmen haben. Dieser schon sehr alte Uebergang von ōvum zu ŏvum bildet daher kein Characteristicum für unsre Mundart.

72. -orem. Hier war es mir leider unmöglich, Beispiele zu finden, die der Mundart angehören; es liegt hier französische Behandlungsweise vor:

pastorem	—	*pastōr*	—	pasteur
colorem	—	*kulōr*	—	couleur

73. -osus:

zelosus	—	*djalu*	—	jaloux
jocosus	—	*djoayō*	—	joyeux

Von -osus gilt das schon über orem gesagte.

-onem:

carbonem	—	*tšarbū*	—	charbon
rationem	—	*ręsū*	—	raison

74. -onem wurde durchgängig zu *ū* nasalirt, das überhaupt die Stelle von französisch oa vertritt.

-onam:

coronam	—	*kuron̥ₑ*	—	couronne
personam	—	*parson̥ₑ*	—	personne

75. Auch bei -onam fand ich nur französische Behandlungsweise vor.

-torem, sorem:

76. Das gleiche, wie von onam gilt auch von torem und sorem.

II. ŏ lateinisch in offener Silbe.

Allgemeines.

77. Im Altfranzösischen wurde ŏ zu *ūe* (französisch ue) diphthongirt, ausser wenn auf o m, n oder l folgten, die oft die Erhaltung von o bewirkten: sŏlum — sol etc. In unsrer Mundart sind die Beispiele, die einiges Licht auf die Entwicklung des ŏ werfen, selten; in sehr vielen Fällen finden wir eben Worte vor, die ihrem Laute nach dem Französischen vollkommen entsprechen. Dann ist es natürlich schwer zu entscheiden, ob diese Worte aus dem Französischen importirt sind, oder aber, ob sie das Product einer selbständigen Entwicklung der Mundart sind.

cŏr	—	*tyȫₑ*	—	coeur
foris	—	*f'ȫₑ*	—	(dehors)
coquit	—	*tyȫₑ*	—	cuit

probam — *prǭv͕* — preuve

novum — *nǫ̈* — neuf

78. ŏ verwandelt sich in vielen Fällen zu *ȫ͕* oder zu *ǫ̈.* Die Beispiele *prǭv͕* und *nǫ̈* sind wohl nicht echt mundartlich. Doch setzte ich sie hierher, weil das in ihnen vorhandene *ȫ* genau dem Entwicklungsgange der übrigen entspricht. Vergleichen wir die französischen und mundartlichen Beispiele dieser Categorie, so finden wir in beiden das ŏ vor. Fürs Französische ist diese Entwicklung klargestellt. (Tobler.) Es wurde im Altfranzösischen zunächst ŏ zu ue ═ üe diphthongirt und erst in der neueren Sprachperiode dies *üe* dann mit eu ═ ö vertauscht, so dass heutzutage die Producte aus lateinisch ō und lateinisch ŏ beide gleich, d. h. ═ eu (ö) sind. Welche Entwicklungsreihe ist nun für die Mundart anzusetzen? Es läge ja nahe, den gleichen Entwicklungsgang, wie im Französischen anzunehmen, so dass auf ŏ zunächst *üe* und dann *ȫ͕* gefolgt wäre. Leider gelang es mir nicht, Zwischenstufen aufzufinden, die den Uebergang von *üe* zu *ȫ* verdeutlichen.

ŏ + v :   ŏvum   — *ü͕*   — oeuf

            nŏvem   — *nü͕f*   — neuf

            bŏvem   — *bü͕*   — boeuf

79. ŏ wurde vor v zu *ü͕*; ohne Zweifel war es der Einfluss des Labio-Dental, der diese Nuancirung hervorbrachte. Dass dieselbe in probam — *prǫ̈v͕* nicht eintrat, ist ein Beleg für die oben ausgesprochene Ansicht, dass *prǫ̈v͕* ein französisches Wort sei.

-ŏlum :   filiŏlum   — *fyȫ*   — filleul

           filiŏlam   — *fyȫl͕*   — filleule

           scholam   — *e̦kǭl͕*   — école

80. Man könnte hier das ŏ in *fyȫ* und *fyȫl͕* doppelt auffassen. Halten wir uns zunächst an die französische Lautlehre, so zeigt dieselbe, dass ol oft erhalten blieb im Altfranzösischen. Dann liesse sich das ö aus dem vorhergehenden y erklären, welches o zu ö trübte. Dann wäre auch *e̦kǭl͕* ganz regelmässig entwickelt.

Da nun aber der erhaltende Einfluss des l nach o nicht in allen Fällen wirkt, so könnte man $f y \bar{\varrho}$ etc. auch in die unter 78 besprochene Categorie aufnehmen. schŏlam — $\bar{e} k \bar{\varrho} l_{e}$ wäre dann als französisches Wort zu betrachten, was auch sehr naheliegt. Unsere Mundart steht dem Französischen so nahe, ist mit ihm so innig verwandt, dass eine sehr reichliche Infiltration französischer Worte stattfinden konnte und musste. Schliesslich erlaube ich mir noch eine Hypothese aufzustellen betreffend die Etymologie von fyǫ̈. Das lateinische filiŏlum = filjólum wurde bald zu $f y \bar{\varrho}$, indem lj zu mouillirtem l wurde, dem in unserer Mundart immer y oder $\acute{y}$ entspricht. Dies $f y \bar{\varrho}$ konnte nun im Laufe der Zeiten das i verlieren, indem der Hochton diesen hier ohnehin nicht sehr hervortretenden Vocal mehr und mehr zurückdrängte. So mag schliesslich das heutige $f y \bar{\varrho}$, $f y \ddot{\varrho} l_{e}$ entstanden sein.

-ŏcum:

fŏcum	— $f \bar{u}_{e}$	— feu
lŏcum	— $\acute{y} \bar{u}_{e}$	— lieu
jŏcum	— $d j \bar{u}_{e}$	— jeu

81. Diese 3 Beispiele, die überall auf dem romanischen Sprachgebiete übereinstimmende Entwicklung haben, verwandeln ihr ŏc in $\bar{u}_{e}$. Sie zeigen somit ganz gleiche Behandlung wie bŏvem — $b \bar{u}_{e}$ etc. Wie ist dies $\bar{u}_{e}$ aus ŏc zu erklären? Haben wir z. B. bei fŏcum Diphthongirung in fuĕc, dann fuéi, dann Zurückziehung des Accents auf u = ŭ anzunehmen? Letztere Zurückziehung des Accents wäre der Eigenart unseres Pâtois entsprechend. Allein mir scheint, dass diese Entwicklungsreihe doch etwas complicirt wäre.

82. Schliesslich sei noch ein Fall erwähnt, wo ŏ sich erhält: comam — kom_{e} — (crinière du cheval).

III. o in lateinischer und romanischer Position.

83. Es ist nicht der Mühe werth, zwei Categorien, nämlich ó und ŏ in Position aufzustellen, da Fälle von ó in Position nur ganz vereinzelt vorkommen.

84. o erhalten in:

duodecim   — $d\rho z_c$ —   douze

horolŏgium   — $rělodj_c$ —   horloge

In den seltenen Fällen, wo das o der Position als o erhalten blieb, zeigt das Pâtois dieselbe Stufe, die im Altfranzösischen noch zahlreiche Vertreter hatte: espose für heutiges épouse, altfranz. doze für neufranz. douze.

-or in Position:

corpus	—	$k\bar{o}_c$	— corps
ordinem	—	$\bar{o}_e dr$	— ordre
torquere	—	$t\bar{o}_e dr$	— tordre
hordeum	—	$\bar{o}_e r dj_e$	— orge
apportant	—	$ap\rho rta$	— apportent
porcus	—	$p\bar{o}_c$	— porc
fortem	—	$f\bar{o}_e$	— fort
mortem	—	$m\bar{o}_e$	— mort
cornu	—	$k\bar{o}_e rn$	— corne
cordam	—	$k\bar{o}_e rde$	— cordo

85. Bei or in Position hat sich o durchgängig erhalten. In den meisten Fällen fiel das dem o nachfolgende r aus. Doch sind auch mehrere Ausnahmen vorhanden: $k\bar{o}_e rn$ und $k\bar{o}_e rde$. Das erhaltene o ist in allen Fällen geschlossen und lang, wie die Beispiele zeigen. Nur in $ap\rho rta$ aus apportant ist es kurz. Dies Verhalten mag durch französischen Einfluss hervorgerufen sein oder, was gar nicht ausgeschlossen, durch Analogien auf dem Gebiete des Pâtois selbst. Dass das r in allen solchen Fällen früher hörbar war, wird nahegelegt durch die jedem o folgenden Nachklänge, die ich am besten durch —$_e$ zu bezeichnen glaubte. Oft glaubt man statt des —$_e$ eher ein nachtönendes —$_\lambda$ zu hören; allein die Nuance schien mir zu unbedeutend, um für sie eine neue Bezeichnung einzuführen.

-o + Consonant + Semipalatal:

cŏrium	—	$ty\bar{u}_e$	— cuir
folium oder folia	—	$f\bar{o}y_e$	— feuille
despolia	—	$d\underset{.}{e}puy_e$	— dépouilles
solium	—	$s\bar{o}$	— seuil

86. o + r in Position und o + l in Position mit Semi-
palatalen trüben o zu ŏ oder ü, verwandeln es wohl auch zu
u, falls *dępuy₍* nicht ein aus dem Französischen importirtes
Wort ist. In den übrigen Beispielen scheint die Trübung
durch die Palatalis hervorgebracht zu sein.

Anmerkung: oleum — *uåy₍* — huile hat ŏ in Position
zu *uä* diphthongirt. Man erwartet eigentlich ŏy₍.

-on, -om in Position:

ad-montem	— *amŭ* —	amont
contra	— *kütr* —	contre
somnium	— *sŭdj₍* —	songe

87. -on, -om in Position werden zu ü nasalirt.

87a. Ausnahme:

hominem	— *om₍* —	homme.

o vor st:

aliud-sic-tostum	— *asto* —	aussitôt
nostrum	— *nǫt₍* —	notre
vostrum	— *vǫt₍* —	votre

88. Bei o vor st constatire ich einfach Erhaltung des o
in Position.

o + c + Consonant:

noctem	— *nǒ* —	nuit
octo	— *ōt* —	huit
coquere	— *työr* —	cuir

89. Einige Schwierigkeit bietet die Erklärung dieser Fälle.
Es hat sich hier die Gutturalis zu i aufgelöst, so dass wir
als Mittelstufe haben: noit, oit, coir; dies oi ging nun nicht,
wie im Französischen, in üi über, sondern verwandelte sich
zu ō. Einen andern Entwicklungsgang vermag ich mir nicht
zu denken.

o + c + l: oculum — *ōy₍* — oeil

90. Hier wurde cl zu mouillirtem l = y in unserer Mundart und es trat Trübung von o zu ō ein infolge der secundar
entstandenen Palatalis.

ů

I. ů lateinisch in offener Silbe.

curam	—	*tyūr$_e$*	— cure
durum	—	*dū$_e$*	— dur
salutem	—	*sålū*	— salut
cupam	—	*tyūv$_e$*	— cuve
jůro	—	*djūra*	— jure
jus	—	*djū*	— jus
pasturam	—	*pętūr$_e$*	— pâture
culum	—	*kū*	— cul

91. ů wird in den meisten Fällen zu *ū*, bisweilen auch zu *ü*. Ich constatire hiermit analoge Entwicklung wie im Französischen. *sålū* dürfte ein aus dem Französischen aufgenommenes Wort sein.

-um, -un:

plumam	—	*pyūm$_e$*	— plume
prunam	—	*prūn$_e$*	— prune
Lunam diem	—	*ỹůdę*	— lundi
lunam	—	*ỹūn$_e$*	— lune
communem	—	*komū*	— commun

92. Wenn auf u m oder n folgen, tritt Nasalirung des u zu *ū* ein; folgt auf n und m noch die lateinische Endung -am, die im Pâtois durch —$_e$ vertreten wird, so bleiben m und n trotz der Nasalirung in ihrer ursprünglichen Geltung erhalten. Nasalirung von un zu *õ* findet, so viel ich beobachten konnte, nie statt. Auch hier zeigt also das Pâtois ein consequenteres Vorgehen als das Französische, das bald für ü, bald für *õ* (nasalirt) sich entscheidet: vergleiche plume und commun.

-ucum, -ucam:

93. Die Behandlung dieser Fälle entspricht ganz der französischen.

-tutem:

94. Das soeben Gesagte gilt auch hier.

-dunum: Lugdunum — *Lyū* — Lyon

95. Es wäre hier $Ly\tilde{u}$ zu erwarten; das wirklich vorhandene $Ly\tilde{u}$ ist parallel zum französischen Lyon; wahrscheinlich sind solche Städtenamen aus dem Französischen entlehnt.

unum, unam: unum — $\tilde{\iota}$ — un

unam — $\tilde{o}n_e$ — une

96. $\tilde{\iota}$ lautete früher zweifelsohne $\tilde{\ddot{u}}$; warum erfolgte dieser Uebergang zu $\tilde{\iota}$ und wie hat sich derselbe vollzogen? Der Uebergang ist um so auffallender, als $\tilde{\ddot{u}}$ in dieser Mundart ein beliebter Nasalvocal ist.

Für unam sollte man $\tilde{\ddot{u}}n_e$ erwarten. Statt dessen haben wir weder Nasalirung noch ü-Laut, sondern $\tilde{o}n_e$. In der Behandlung dieser beiden Fälle lässt sich die Mundart Inconsequenz zu Schulden kommen.

97. Beispiele mit erhaltenem lat. ū vermochte ich nicht aufzufinden.

II. ŭ lateinisch in offener Silbe.

jŭgum	—	*dju*	— joug
gŭlam	—	*gul$_e$*	— gueule
dŭo	—	*du*	— (deux)
dŭas	—	*dū$_e$*	— deux

98. Fürs Französische gilt die Lautregel, dass ŭ = ρ ist und als solches behandelt wird: so z. B. gŭlam = golam = gueule; jŭgum = joug. — In der Mundart nun blieb die Entwicklung durchgängig auf der Stufe u = französisch ou stehen und haben wir hier wiederum mehr Regelmässigkeit als im Französischen.

In duo, duas hat sich das lateinische u nicht erhalten, sondern die Stufe *do*, *dọ$_e$* durchlaufen; dann trat vollkommen regelmässig für o wieder u ein.

99. crŭcem und nŭcem verdienen eine speciellere Behandlung: crŭcem — *kru* — croix

Das in *kru* vorhandene u ist ganz regelmässig; dagegen ist der vollkommene Abfall des Zischlautes auffallend. Derselbe löste sich doch im Altfranzösischen zum weichen s-Laut auf und erzeugte zu gleicher Zeit ein ihm vorhergehendes i: crŭcem = altfranzösisch croiz. Im Pâtois ist also vollkommener Abfall, wie in jugum Abfall des g stattfindet.

Das dem französischen noix entsprechende Wort im Pâtois ist *nuš͜ₑ*. Ich leite dasselbe nicht von nŭcem, sondern von nŭceam ab. c + Semipalatal e wurden zu š. In diesem Falle ist die Entwicklung von nuš͜ₑ regelmässig.

100. Ueber das hypothetische Deúm siehe 41 Anmerkung.

meúm — [mum*] — *mŭ* — mon

101. Zur Erklärung von *mŭ* französisch mon: „mein" besteht der einzige Ausweg in der Annahme einer Accentverschiebung von mĕum zu meúm und nachfolgender Contraction von meúm zu mum*, das im Pâtois dann zu *mŭ* wurde.

102. Nur ein einziger Fall ist mir bekannt, wo sich *o̧* aus lateinisch ŭ erhielt, wo wir also eine sehr alte Entwicklungsstufe vor uns haben:

cŭbat — *ko̧vₑ* — couve

Doch befinden wir uns hier auf dem Gebiet der Conjugation, wo mehr als anderswo Analogiebildung nachgewiesen ist. Es heisst also solche Beispiele mit Vorsicht aufnehmen.

III. ú in lateinischer und romanischer Position.

A. ŭ in Position:

surdam	— *šo̧rdₑ*	— sourde
turrem	— *to̧*	— tour
cuppam	— *ko̧pₑ*	— coupe
crustam	— *kro̧tₑ*	— croûte
guttam	— *go̧tₑ*	— goutte

103. ŭ in Position verwandelt sich im Allgemeinen zu o̧. Fällt ein s nach o aus, so haben wir *ǭ* anstatt *o̧*: crustam — *kro̧tₑ*. Im Französischen blieb an dieser Stelle das lateinische u erhalten.

-ŭr + Consonant:

gurgitem	— *gǭˌrdjₑ*	— gorge
furcam	— *fo̧ršₑ*	— (fourchette)
curvam	— *ko̧rbₑ*	— (courbée)

104. Bei ŭr + Consonant bemerken wir das gleiche Vorgehen, wie bei 103. Das dem u folgende r rief ein nachklingendes —$_\epsilon$ hervor in gŏ͜rdj$_\epsilon$; bei den übrigen Beispielen findet dieser Nachschlag nicht statt. Ausser in gŏ͜rdj$_\epsilon$ wurde ŭ überall zu kurz o — ọ. Einen Grund hierfür weiss ich nicht anzugeben.

Ausnahme: curtum — tyō — court

105. Ich bemerke nur, dass eine Haupteigenthümlichkeit dieser Mundart darin besteht, die Verbindungen co, cu in tyō zu verwandeln. Ich muss es unentschieden lassen, welche Entwicklung früher stattfand: c zu ty, oder u zu ō, mit andern Worten, ob die Palatalis das u zu ö trübte oder ob letzteres nach vorhergegangener Trübung aus u, die Palatale aus c hervorrief.

-ŭm, ŭn in Position:

columbam	— kolŭmbe	— colombe
fundum	— fŭ	— fond
umbra	— ŭmbr	— ombre
numerum	— nŭmbr	— nombre
fundere	— ſŭdr	— fondre
undecim	— ūz$_\epsilon$	— onze
rotundum [= reŭ *]	— rŭ	— rond
conunculam*	— tyōnūhy$_\epsilon$	— quenouille
genunculum	— djĕnūhy$_\epsilon$	— genu

106. -um, -un in Position werden in jedem Falle zu ū nasalirt. Dies Vorgehen ist durchaus dieser Mundart eigen, die für ū eine besondere Vorliebe hat. Es ist nur die Frage aufzuwerfen, wie wir uns die Entwicklung zu denken haben. Zwei Fälle sind denkbar: entweder kommt z. B. ſŭdr direct aus dem lat. fundere; es wäre dann lat. u in Position erhalten geblieben; oder es entwickelte sich aus lat. un zunächst der Typus ō und dann im Laufe der Zeit entstand durch Verdumpfung das heutige ſŭdr. Ich halte die zuletzt ausgedrückte Ansicht für die richtige.

Anmerkung: Für tyōnūhy$_\epsilon$ und djĕnūhy$_\epsilon$, die ich oben erwähnte, musste ich natürlicherweise als Etyma conu n cnlam und genu n culum ansetzen.

-ul + Consonant:

pul(i)cem — $p\bar{u}\acute{y}_e$ — pou

107. Hier blieb u erhalten.

ŭ + v + Semipalatal:

dilŭvium — $d\bar{\xi}l\ddot{u}dj_e$ — déluge

108. In diesem und ähnlichen Fällen trübt die Palatalis u zu ū.

Ausnahme: rubeum — rudj, — rouge 109. rudj, scheint ein dem Französischen entnommenes Wort.

B. ú in Position:
110. Bei ú in Position ist die Behandlungsweise durchaus französisch. Ich zähle deshalb keine Beispiele auf.

y

gypsum = gipsum — dji — gypse
byrsam = bursam — bors, — bourse

111. Im ersten Falle wurde y wie i behandelt (s. i in Position). Im zweiten Falle: byrsam, wurde es zu u, das dann in der Position zu o wurde.

Andere Beispiele waren mir nicht zugänglich.

Betonte Diphthonge.

ae, oe

112. ae und oe wurden schon im frühesten Volkslatein mit einander verwechselt; sie haben den gleichen Lautwerth wie offenes e und werden in den romanischen Sprachen wie dieses behandelt.

caelum — $s\hat{\imath}_e$ — ciel

Es liegt hier die allenthalben auf romanischem Gebiet auftretende Diphthongirung von ĕ zu ie vor; dabei erwähne ich nochmals das auffallende Phänomen der Zurückziehung

des Accents von e auf i, so dass wir einen fallenden Diphthongen in i_ϵ vor uns haben. Das e-Element erhielt sich als
schwacher Nachklang —$_\epsilon$.

au

audio	—	$\bar{\varrho}$	—	ouis*
auram	—	$\check{\varrho}r_\epsilon$	—	(courant d'air)
claudere	—	$sy\check{o}r$	—	(fermer)
gaudia	—	$dj\bar{o}_\epsilon$	—	joie
paucum	—	$p\varrho$	—	peu
causam	—	$t\check{s}\bar{o}z_\epsilon$	—	chose

113. au, das schon im Volkslatein oft durch offenes o
vertreten wurde (causa — cosa, cauda — coda), wird in den
romanischen Sprachen als offenes o behandelt. Im Französischen speciell und in diesem Pâtois wird es zum o-Laut,
aber nicht zum offenen, den man erwarten sollte, sondern zum
geschlossenen.

In: laudo — $l\bar{u}a$ — loue
laudat — $l\bar{u}_\epsilon$ — loue

wird au zu $\bar{u}$. Es mag dies auf Analogiewirkung der unbetonten Formen auf die betonten des Präsens zurückgehen: in
laudamus, wo au unbetont war, konnte sich leicht statt des
correcten o-Lautes ein u einschleichen, das dann auch in den
Formen wie laúdo, laúdas bestehen blieb.

eu

114. Für diesen Diphthong gelang es mir nicht ein Beispiel aufzutreiben.

· Tonlose Vocale.

115. Ich stelle zur möglichsten Klarlegung sämmtlicher hier in Betracht kommender Beispiele folgendes Schema auf. Es ist dasselbe zwar etwas complicirt, was ich mir nicht verhehle, kommt aber sämmtlichen Anforderungen der Genauigkeit um so besser nach.

A. **Tonlose Vocale nicht im Hiatus.**

  I. Tonlose Vocale vor der Tonsilbe.

1 Silbe vor der Tonsilbe; sie enthalte:

    lat. ā, ă, a in Position

    „ ē, ĕ, e „ „

    „ ī, ĭ, i „ „

    „ ō, ŏ, o „ „

    „ ū, ŭ, u „ „

    „ au.

2 Silben vor dem Hochton.

  α) Die unmittelbar vorangehende Silbe.

    Sie enthalte: e, i, o, u, au.

    Sie enthalte: a.

  β) Die erste der zwei dem Hochton vorangehenden Silben. Sie enthalte: a, e, i, o, u.

3 Silben vor dem Hochton.

  II. Tonlose Vocale nach der Tonsilbe.

  α) Tonlose Vocale nach dem Hochton in der vorletzten Silbe.

  β) Tonlose Vocale nach dem Hochton in der letzten Silbe.

B. **Tonlose Vocale im Hiatus.**

  I. Lateinischer Hiatus.

  α) Accent ruht auf dem ersten der beiden den Hiatus bildenden Vocale.

  β) Der Accent ruhe nicht auf dem ersten der den Hiatus bildenden Vocale.

4

II. Romanischer Hiatus.

α) Romanischer Hiatus durch Zusammensetzung.

β) Romanischer Hiatus durch Consonantenausfall.

———

A. Tonlose Vocale nicht im Hiatus.

I. Tonlose Vocale vor der Tonsilbe.

116. Es können nun eine, zwei oder drei Silben vor der Tonsilbe vorhergehen und in jeder derselben sind Vocale, die wir zu behandeln haben.

Zunächst wende ich mich dem Falle zu, wo eine Silbe vor der Tonsilbe ist.

Ich mache hier wiederum Unterabtheilungen, je nach den einzelnen Vocalen, die in dieser Silbe sich finden. Die genaue Darstellung siehe in der Haupttabelle. Auch bei Behandlung der tonlosen Vocale gehe ich immer von der französischen Lautlehre aus, in der Ueberzeugung, dass sie uns in jedem Falle die Gesichtspunkte angeben wird, nach welchen sich die mundartlichen Beispiele am besten gruppiren lassen.

In der französischen Lautlehre nun gilt der Satz: „Geht der Tonsilbe nur eine Silbe voran, so entscheidet über das Verhalten derselben (resp. über das Verhalten des in ihr enthaltenen Vocals) die Quantität. Ist der betreffende Vocal lang, so beharrt er, ist er kurz, so wird er meist durch a oder e ersetzt." Nur in vereinzelten Fällen fällt die betreffende Silbe ganz ab.

Im Folgenden betrachten wir nun die einzelnen Vocale.

In der dem Hochton vorangehenden Silbe sei:

ă:	măteriam	—	*mater͜ᵉ*	—	matière
	păcare	—	*payī͜ᵉ*	—	payer
	căponem	—	*tšapŭ*	—	chapou
	tăbánum	—	*tavā̆*	—	taon
Aber:	rănuculam	—	*rŏnoy͜ᵉ*	—	grenouille

117. Mit Ausnahme von *rŏnoy͜ᵉ* aus rănuculam hat sich das ă der dem Hochton vorangehenden Silbe durchgängig als a behauptet.

ă: ăvenam — $\dot{a}v_o\tilde{a}n_e$ — avoine
    lăvare — *lavā* — laver
    phălángas — $p\dot{a}l\breve{a}l\ddot{\iota}_e$ — phalanges
    păpyrium — $p\dot{a}piy_e$ — papier
    căballum — $t\check{s}\breve{e}v\dot{a}$ — cheval
    cănalem — $t\check{s}\breve{e}n\dot{a}$ — canal

118. Das kurze *ă* der vortonigen Silbe hat sich im Pâtois zu *à* entwickelt. Dass wir anstatt *lăvā lavā* haben, lässt sich aus französischer Einwirkung erklären. Das *ě* in *tšěvà* etc. rührt von der vorhergehenden Palatalis her. Wir können bis hierher eine annähernd regelmässige Entwicklung nachweisen, die darin besteht, dass vortoniges lat. ā zu *a*, vortoniges lat. ă zu *à* wird.

Anmerkung: In răcémum — *răzě* — raisin ist diese Regel nicht befolgt.

Anmerkung: ămabilem — $\bar{e}maby_e$ — aimable. $\bar{e}maby_e$ scheint französisch zu sein.

a in Position:

    damnaticum — $d\bar{o}madj_e$ — dommage
    fascinam — $fa\check{s}\breve{o}n_e$ — fascine
    vannare — $v\dot{a}n\bar{a}$ — vanner
    antjanum* — $\tilde{a}sy\tilde{a}$ — ancien
    mandare — $m\tilde{a}d\bar{a}$ — mander
    mantile — $m\tilde{a}l_e$ — (manteau)
    candelam — $t\check{s}\tilde{a}d\bar{a}l_e$ — chandelle
    cambiare — $t\check{s}\tilde{a}dj\check{\imath}_e$ — changer
    cantjonem* — $t\check{s}\tilde{a}s\bar{u}$ — chanson
    cantare — $t\check{s}\tilde{a}t\bar{a}$ — chanter

119. In den zuletzt notirten Fällen von antjanum* ab wird an zu ã nasalirt und haben wir somit die entsprechende Entwicklung wie bei betontem an + Consonant. In *dōmadj*ₑ wurde am zu ō nasalirt, in fascinam blieb a rein erhalten, während an in vannare zu *à* wurde.

120. -ar in: carbonem — *tšarbū* — charbon
               argentum — *ardjä* — argent   erhalten.

4*

```
-al:     saltare    —  sâtā      —  sauter
         salvaticum —  sâvadjₑ   —  sauvage
         caldariam  —  tšâdīrₑ   —  chaudière
```

121. Auch bei dieser Gruppe constatire ich gleiche Behandlung wie im entsprechenden Falle unter dem Accente. å resultirt aus a + l, das zu u vocalisirt die Verbindung au mit a hervorbrachte, welche im Pâtois die Färbung å annahm.

```
         caprellum  —  tšōvri    —  chevreau
         (ex-)clariare — ęsyęrīₑ —  éclairer
```

122. Das an der betreffenden Stelle befindliche ŏ, sowie ę in ęsyęrīₑ rührt von der Einwirkung der secundär entstandenen Palatalis her.

Das gleiche ist der Fall in:

```
         gallinam   —  djōrōnₑ   —  (poule).
```

In der dem Hochton vorangehenden Silbe sei:

123. ē: Während bei den vorhergehenden Beispielen, wo a in dieser Silbe stand, eine regelrechte Gruppirung möglich war, je nachdem ā, å oder a der Position in jener Silbe sich fand, herrscht bei e die grösste Unregelmässigkeit.

Ich beschränke mich darauf, die einzelnen Fälle von ē, ŏ und e der Position zusammenzustellen.

```
         dēbere     —  davoa     —  devoir
         jējunium   —  djōn      —  jeûne
```

124. jējunium gab jeunium* und dieses dann durch Contraction von e und u: djōn.

```
ŏ:   fĕnare       —  fänā       —  (fair les foins)
     gĕlare       —  djälā      —  geler
     lĕvare       —  yōvā       —  lever
     gĕnunculum*  —  djĕnühyₑ   —  (genou)
     tĕnire*      —  tĕni       —  tenir
     vĕnire       —  vĕni       —  venir
     nĕcare       —  noayīₑ     —  noyer
     precare      —  prayīₑ     —  prier
     sĕcare       —  soayīₑ     —  scier
```

125. Kurzes ŏ in dieser Silbe scheint im Allgemeinen zu

á zu werden. Gehen Palatale voran, wie in *yŏvū* und *djĕnŭhy_e*,
so tritt statt e *ĕ* ein. Warum ist dies nicht auch in *djälū*
der Fall?

In *nĕcare* — *noayī_e* haben wir eine specielle, in ihrer
Art ganz regelmässige Entwicklung, indem sich c zu i auf-
löste. Es verband sich dann mit e zu ei, worauf oi und dann
oa entstand. y entspringt aus dem aus c entwickelten i.

e der Position:

serpentem	— *sarpâ* —	serpent
versare	— *voarsū* —	verser
mercatum	— *martˇsī_e* —	marché
gentilem	— *djăti* —	gentil
emplastrum	— *âpyātr* —	emplâtre

126. er verwandelte sich in diesem Fall gern in *ar* oder
in *oar*. gentilem — *djăti*, das en in Position zu *á* werden
lässt, zeigt dieselbe Behandlung, wie wenn es unter dem Accente stünde.

Die betreffende Silbe enthalte ein I.

127. Bei diesem Vocale herrscht etwas mehr Regelmässigkeit: wir können, je nachdem i lang, kurz oder in Position
ist, einigermaassen consequente Behandlungsweisen erkennen.

I:

bĭbernum	— *ōvę̄_e* —	hiver
spĭnaceam	— *ępōnatś_e* —	(épinards)
fĭlare	— *fŏlū* —	filer
lĭmaceam	— *y̆ŏmas_e* —	limace
prĭmarium	— *prŏmī_e* —	premier

128. Das lange, vortonige i verwandelt sich zu *ŏ*. Es
ist dies ein auffallendes Phänomen, da man bei der Länge
des Vocals entschieden das Beharren desselben annehmen
sollte, was auch im Französischen der Fall ist.

Anmerkung: mĭraculum — *mīrasy_e* — miracle bildet
eine Ausnahme. Vielleicht liegt hier französischer Einfluss vor.

I:

fĭmarium	— *fŏmī_e* —	fumier
pĭlare	— *pálū* —	peler

bīlances	—	*bâlā́s,*	—	balance
vīsaticum	—	*vẹ̄zadj,*	—	visage
vīcinum	—	*vẹ̌žē̆*	—	voisin
plīcare	—	*pyayī̆,*	—	plier

129. Weniger Regelmässigkeit als bei I findet sich bei ī: in *pặlā, bâlā́s,* wurde il zu el, dessen Behandlungsweise auch die seinige wurde. Siehe: gelare — *djă̄lā.* [Immerhin erwähne ich, dass die Qualität dieser beiden e nicht die gleiche ist: gĕlare hat offenes, pīlare = pelare* aber geschlossenes e. Die Sprache behandelt hier aber beide gleich.] *pyayī̆,* entstand aus plīcare durch Auflösung von c zu i. Dies i verband sich mit dem aus ī entstandenen e zu *ei*, das dann mit ai vertauscht wurde. Das zweite y in *pyayī̆,* entstand ebenfalls aus c: ich müsste also eigentlich *pyaiyī̆,* schreiben; die obige Schreibung *pyayī̆,* kommt aber der Aussprache am nächsten. In *fōmī̆,* finden wir ö anstatt des an dieser Stelle stehenden franz. ü. Dies ö entwickelte sich aus ĕ, das seinerseits wieder aus i entsprang. Die Nasalis m hat hier, wie so oft, zur Verdumpfung des ihr vorangehenden Vocals beigetragen.

In vīsaticum — *vẹ̄zadj,* erfolgte die Verwandlung des i zu e. Für vīcinum haben wir dem classischen Latein zuwider ein ī in der ersten Silbe anzusetzen: vīcinum, nur so erklären sich die Formen *vẹ̌žē̆* und voisin im Französischen (Tobler).

i in Position:

firmare	—	*foarmā̄*	—	fermer
infantem	—	*ặfā̃*	—	enfant
inflare	—	*ặsyā̄*	—	enfler
rimplere *	—	*rặpyi*	—	remplir
intrare	—	*ặtrā̄*	—	entrer
villaticum	—	*vĕladj,*	—	village

130. In firmare — *foarmā̄* hat sich der vor r sehr beliebte Diphthong oa entwickelt. Die übrigen Beispiele von in + Consonant zeigen dieselbe Entwicklung, wie wenn sie

unter dem Accente steben. villaticum — *věladj$_e$* steht vereinzelt da.

131. Endlich erwähne ich noch einen Fall, wo die erste
Silbe ganz abfiel: gingīvas — *djīv$_e$* — gencives.

Die eine dem Hochton vorausgehende Silbe enthalte ein
ō: plōrare   — *pü͂$_e$rā* — pleurer
       flōrire*   — *syŏri* — fleurir

132. Der lange Vocal ō hat sich nicht erhalten, sondern
wurde einmal zu *ü͂$_e$*, einmal zu *ŏ*, unter Einwirkung der Palatalis.

ŏ: nŏvellum   — *nåv$_e$*   — nouveau
       cŏlumnam   — *kolån$_e$* — colonne
       vŏlére   — *voiyā*   — vouloir
       pŏtere   — *poyā*   — pouvoir
       sŏnare   — *sånā*   — sonner
       mŏnetam   — *mü͂nā*   — monnaie
       cŏnunculam* — *tyŏnühy$_e$* — quenouille

133. Auch bei ŏ ist wenig Regelmässigkeit: *å*, *o* und in
einem Falle auch *u* vertreten abwechselnd ŏ, ohne dass Gründe
dieser verschiedenen Behandlung ersichtlich wären.

o in Position:
       commódum   — *kěmod$_e$* — commode
       cognoscere   — *konyåtr*   — connaître
       fortiare   — *forsī$_e$* — forcer
       portare   — *portā*   — porter
       dormire   — *drōmi*   — dormir
       formicam   — *frěmi*   — fourmi
       fontanam   — *fütån$_e$* — fontaine
       conflare   — *güsyā*   — gonfler

134. o vor r + Consonant ist immer erhalten, ausser in
zwei Fällen, wo Umstellung erfolgte, nämlich in *frěmi* und
drōmi. — on + Consonant wurde natürlich zu *ü* nasalirt.

In commódum wurde o zu *ě*.

Die eine dem Hochton vorangehende Silbe enthalte ein
ū: fūsare   — *fūzā* — fuser

fůmare	— *fŏmā*	— fumer
fůmarium	— *fŏmī_e*	— fumier
plůmare	— *pyŏmā*	— plumer
jůniperum	— *dʲĕnavrī_e*	— genièvre

135. Mit Ausnahme von *dʲĕnavrī_e* verwandeln sämmtliche Beispiele ihr ů in *ū* und in *ō* jedesmal dann, wenn auf u im Lateinischen die Nasalis m folgte.

ů:	cůbare	— *kovā*	— couver
	scůtellam	— *ętyẹl_e*	— écuelle

136. In cubare wurde ů regelrecht zu *o*. Dass eine entsprechende Entwicklung des u in scutellam nicht stattfand, haben wir auf Rechnung der starken Verwandlung des sc zu setzen, durch welche eine secundäre Palatalis erzeugt wurde.

u in Position:

burgensem	— *bordʲā*	— bourgeois
djurnatam*	— *dʲornā*	— journée
furnarium	— *fornī_e*	— fournier

137. ur in Position verwandelt sich zu *or*.

duplare	— *dubyā*	— doubler
sufflare	— *sŏsyā*	— souffler
multonem	— *motů*	— mouton
cultellum	— *kutę*	— couteau
succutere	— *sĕkūr*	— (secouer)

138. In *sŏsyā* und *motů* sehen wir die regelrechte Verwandlung des u zu *o*. duplare — *dubyā* steht vielleicht unter französischem Einfluss. In succutere wurde u zu *ĕ*. Die Etyma sind für *sĕkūr* und franz. secouer nicht die gleichen. Ersteres kommt von succutere, letzteres von succutāre.

Die einzig dem Hochton vorangehende Silbe enthalte ein

au:	laudare	— *luā*	— louer

139. au wurde analog dem Französischen zu *u*.

140. *Kurzer Rückblick auf die Fälle, wo eine einzige Silbe dem Hochton vorangeht.*

Wenn wir sämmtliche hierher gehörige Beispiele aller Vocale vergleichen mit der Absicht, das ihnen Gemeinschaft-

liche hervorzuheben, so werden wir zu folgendem Schlusse
kommen: die Fälle, wo die betreffende lateinische Silbe lange
Vocale oder Vocale in Position enthält, können nothwendiger-
weise nichts Gemeinschaftliches aufweisen, da die Vocale unter
sich jedesmal verschieden und in der Position vorangehende
oder folgende Consonantengruppen ausschlaggebend sind. Dagegen mag es einiges Interesse haben, die Beispiele zu vergleichen, welche im Lateinischen ku rze Vocale in der betreffenden Silbe enthalten. Diese kurzen Vocale werden in
der Regel durch andre Vocale ersetzt. Welcher Vocal tritt
nun vorzugsweise für diese kurzen Vocale ein? Es ist $\dot{a}$,
ein in unserer Mundart sehr beliebter Laut. Dies $\dot{a}$ tritt also
ein für ă, ĕ, ĭ, ŏ: lateinisch, aber nicht für ŭ, soviel ich wenigstens beobachtete. Ich bemerke nachdrücklich, dass $\dot{a}$ durchaus nicht in der Mehrzahl der einzelnen Fälle eintritt.
Allein es zieht sich als Ersatz durch die Categorien a, e, i, o
durch und findet bei jeder derselben eine gewisse Verwen-
dung. Ich lasse zur Bekräftigung des eben Gesagten einige
Beispiele jeder Categorie folgen.

Für ă tritt $\dot{a}$ ein in:

ăvenam	—	$\dot{a}v_u\bar{a}n_c$	—	avoine
phalángas	—	$p\dot{a}l\bar{a}\check{t}s_c$	—	phalange
păpyrium	—	$p\dot{a}p\dot{i}y_c$	—	papier

Für ĕ tritt $\dot{a}$ ein in:

| fĕnare | — | $f\dot{a}n\bar{a}$ | — | (faire les foins) |
| gĕlare | — | $dj\dot{a}l\bar{a}$ | — | geler |

Für ĭ tritt $\dot{a}$ ein in:

| pĭlare | — | $p\dot{a}l\bar{a}$ | — | peler |
| bĭlances | — | $b\dot{a}l\tilde{a}s_c$ | — | balances |

Für ŏ tritt $\dot{a}$ ein in:

| nŏvellum | — | $n\dot{a}ve$ | — | nouveau |
| sŏnare | — | $s\dot{a}n\bar{a}$ | — | sonner |

Dies stellvertretende $\dot{a}$ ist beinahe immer kurz.

141. Ich wende mich nun dem Falle zu, wo zwei Silben
dem Hochton vorangehen.

In diesem Falle haben wir das Verhalten der dem Hoch-

ton unmittelbar vorangehenden Silbe zu prüfen, sowie das
Verhalten der am Anfange des Wortes stehenden Silbe.
Werfen wir zunächst einen Blick auf die

α) unmittelbar dem Hochton vorangehende Silbe.
142. Was die Behandlung dieser Fälle im Französischen
anlangt, so wurde von Darmesteter (Romania V pag. 140 ff.)
folgendes Gesetz aufgestellt: Die dem Hochton unmittelbar
vorausgehende Silbe, die nicht den Anfang des Wortes
bildet und nicht in Position steht, fällt ohne Ersatz aus,
falls sie nicht ein a enthält. Ist letzteres der Fall, so tritt
an Stelle des lateinischen a französisches e muet. Gewisse
Ausnahmen erleidet dies Gesetz dann, wann Consonantengruppen der betreffenden Silbe unmittelbar vorangehen, welche
durch Ausfall dieser Silbe unaussprechbar würden. So z. B.
behält castitatem — französisch chasteté die betreffende Silbe,
weil das Wort chastté dem französischen Sprachgénie durchaus zuwider ist. — Nach meinem schon mehrmals ausgesprochenen Grundsatze, das vorliegende, mit dem Französischen
so innig verwandte Pâtois auch im Anschluss an die französische Lautlehre zu behandeln, wende ich nun das sogenannte
Darmesteter'sche Gesetz aufs Pâtois an: ich unterscheide dem-
nach zwei Hauptrubriken:
Die lateinischen Beispiele, wo in der betreffenden Silbe ein e, i, o, u oder au steht, und
diejenigen, wo an derselben Stelle a sich findet.
Einer jeden dieser Hauptabtheilungen lasse ich dann noch
einige Positionsbeispiele folgen, um darzuthun, wann das
Darmesteter'sche Gesetz nicht zur Anwendung kommt.
Wir haben in der Abtheilung α also zwei Gruppen zu
unterscheiden, je nachdem die dem Hochton unmittelbar vorangehende Silbe ein e, i, o, u, au oder ein a enthält:
Die betreffende Silbe enthalte ein e, i, o, u.
143. In diesem Falle, allgemein gesprochen, fallen diese
Vocale aus. [Ausnahme nur in den weiter unten erwähnten
Fällen der Position.]

blasphemāre	— byamā	— blâmer
operaticum	— ọvradjₑ	— ouvrage
fabricare	— fordjĩₑ	— forger
judicare	— djüdjĩₑ	— juger
masticare	— matšĭₑ	— mâcher
praedicare	— prǫ̦djĩₑ	— prêcher
solidare	— sudā	— souder
veritatem	— voártā	— vérité
collocare	— kutšĩₑ	— coucher
horologium	— rĕlodjₑ	— horloge
adjutare	— ẹdĩₑ	— aider
bajulare*	— bayĩₑ	— (donner)
cumulare	— kŭmbyā	— combler
simulare	— sảbyā	— sembler
manducare	— mãdjĩₑ	— manger
septimanam	— sĕnãnₑ	— semaine
radicinam	— rasönₑ	— racine
germinare	— djarmā	— germer
misculare*	— mǒ̦syā	— mêler
vigilare	— voayĩₑ	— veiller
sibilare	— šubyā	— siffler
implicare	— ǎpyayĩₑ	— employer
computare	— kũtā	— compter
gutturosum	— gotrả	— goître
pullicenum	— pûsĩ	— poussin
hospitale	— ǒtǎ	— hôtel
sarculare	— sarsyā	— sarcler
manicare	— mŭnayĩₑ	— manier

144. Fälle, wo e, i, o, u in der betreffenden Silbe in Position stehen: Dann bleiben diese Vocale erhalten, sei es in ihrer ursprünglichen Gestalt, sei es als ĕ oder e.

catuljare*	— gảteyĩₑ	— chatouiller
auscultari*	— ẹkutā	— écouter
merendare	— moarảdā	— (goûter)
infurnare	— ảfornā	— enfourner

gubernare — *governā* — gouverner
paupertatem — *povrtā* — pauvreté
volontatem — *vĕlọtā* — volonté

145. In catuljare * wurde i durch e ersetzt, in auscultare blieb u Dank dem nachfolgenden l bestehen, während en in merendare gleich behandelt wird, wie wenn es betont wäre. Das gleiche gilt von infurnare — *ậfọrnū*. — vĕlọtā hat sein o nach Ausfall des n erhalten; sonst sollte eigentlich on in volontatem zu *ũ* nasalirt werden.

Ausnahme: ministerium — *mẹ̃tī́* — métier lässt, trotzdem die betreffende Silbe in Position ist, dieselbe ganz ausfallen.

146. Anschliessend an die Beispiele der Position lasse ich hier noch einige Worte folgen, welche ebenfalls die oben erwähnten Vocale erhalten haben, trotzdem diese Vocale nicht in Position stehen. Wir haben dafür Consonantengruppen, die jenen Vocalen vorangehen und die unaussprechbar würden, sobald jene Vocale ausfielen; deshalb werden dieselben im Französischen, wie im Pâtois durch ein e muet ersetzt:

castitatem — *ĭšastĕtū* — chasteté
sanctitatem — *sātĕtū* — sainteté

Andre Beispiele dieser Art gelang es mir nicht aufzufinden; auch bei den beiden vorliegenden ist nicht jeder Zweifel betreffs ihrer mundartlichen Echtheit ausgeschlossen.

Die dem Hochton unmittelbar vorangehende Silbe enthalte ein a.

147. In diesem Falle bleibt im Altfranzösischen laut Darmesteter ein stummes e an Stelle des a: serramentum: serrement und erst im Neufranzösischen verschwindet auch dies: serment.

Das Verhalten der Mundart ist in diesem Falle identisch mit dem Verhalten der neufranzösischen Sprache. Dass ehedem eine Entwicklungsstufe mit stummem e vorhanden war, steht ausser Zweifel.

juramentum — *djurmă* — jurement

Gerade in diesem Beispiele haben wir auch im Neufranzösischen Erhaltung des e muet.

Fälle wo a in der betreffenden Silbe in Position steht:

allactare	— $al\ddot{e}fi_e$	— allaiter
extranjarium*	— $\ddot{e}tr\tilde{a}dj_e$	— étranger
monasterium	— $m\breve{o}fi_e$	— moutier
de-abantjare*	— $d\breve{e}v\ddot{a}si_e$	— devancer

148. a wurde in solchen Fällen behandelt nach Maassgabe der auf dasselbe folgenden Consonanten. Auffallend ist die Behandlung von monasterium, wo entgegen der Hauptregel (Darmesteter) a ohne Ersatz ausfiel. In allactare verwandelte sich c zu i, ac zum Diphthong ai, der mit der Zeit zu ę wurde. In $\ddot{e}tr\tilde{a}dj_e$ und $d\breve{e}v\ddot{a}si_e$ trat Nasalirung ein zu $\tilde{a}$.

Ich komme nun zur Behandlung der

β) ersten der beiden Silben, die dem Hochton vorangehen.

Ich nehme einzelne Gruppen zusammen; jeder Gruppe entspricht ein Vocal.

Die betreffende Silbe enthalte ein a:

blasphemare	— $byam\bar{a}$	— blâmer
fabricare	— $f\rho rdj\bar{\imath}_e$	— forger
masticare	— $mat\check{s}i_e$	— mâcher
bajulare*	— $bayi_e$	— (donner)
manducare	— $m\tilde{a}dj\bar{\imath}_e$	— manger
allactare	— $al\ddot{e}fi_e$	- allaiter
radicinam	— $ras\ddot{o}n_e$	— racine
baptizare	— $b\hat{a}tay\bar{\imath}_e$	— baptiser
appetitum	— $\dot{a}p\ddot{e}ti$	— appetit

149. Ich constatire die Erhaltung des a in fast sämmtlichen Fällen; bisweilen nur geht a in $\dot{a}$ über. Eine Ausnahme bildet $f\rho rdj\bar{\imath}_e$, das a zu ρ werden lässt und damit dem Vorgehen des Neufranzösischen treu bleibt.

In manducare constatire ich Nasalirung von an zu $\tilde{a}$, in manicare Verwandlung von an zu $\ddot{u}n$.

Die betreffende Silbe enthalte ein e:

demorare	—	*děmorā*	—	demeurer
extranjarium*	—	*ᵽträdjį̆ₑ*	—	étranger
germinare	—	*djarmā*	—	germer
merendare	—	*moarådā*	—	(goûter)
veritatem	—	*voártā*	—	vérité

150. In *děmorā* hat sich e als *ě* erhalten, in *ᵽträdjį̆ₑ* als *ę̣* (wegen des darauf folgenden x-Lautes, der später ausfiel). e r in merendare, germinare* etc. verwandelte sich nach einem im Französischen vorkommenden, in unserm Pâtois aber speciell beliebten Verfahren in *ar* und *oar*.

151. Die gleiche Verwandlung von er zu ar findet sich in: sternutare — *ᵽtarnuū* — éternuer

Die betreffende Silbe enthalte ein i:

misculare	—	*mŏₑsyū*	—	mêler
sibilare	—	*˘subyā*	—	siffler
infurnare	—	*åfọrnā*	—	enfourner
implicare	—	*åpyayį̆ₑ*	—	employer
ministerium	—	*mᵽ̣tiy̨ₑ*	—	métier
simulare	—	*såbyā*	—	sembler

152. In misculare — *mŏₑsyū*, wo i in Position stand, resultirte aus i ein *ǫ̣ₑ*. Es ist dies ein ganz ähnliches Verfahren, wie bei i in Position betont, wo wir auch combinirte a-o-Laute haben.

In *˘subyā* trat *u* für i ein; in den übrigen Fällen haben wir das im Pâtois so beliebte *å* an Stelle des in.

In *mᵽ̣tiy̨ₑ* wurde i zu *ę̣*, weil ein s-Laut ausfiel.

Die betreffende Silbe enthalte ein o:

computare	—	*kūtā*	—	compter
monasterium	—	*mŏtį̆ₑ*	—	moutier
horologium	—	*rělodj̨ₑ*	—	horloge
collocare	—	*kutˢį̆ₑ*	—	coucher
solidare	—	*sudā*	—	souder

153. Die Behandlung ist hier eine mannigfaltige: folgt auf o ein Nasal, so tritt Nasalirung von *ū* ein. — In *mŏtį̆ₑ*

hat sich *ọ* erhalten (durch Ausfall des s-Lautes). In *rĕlodjₑ*
tritt *ĕ* für o ein. In *kutšĭₑ* und *sudū* war es das l, welches
sich mit o verband und den u-Laut hervorbrachte.

Die betreffende Silbe enthalte ein u:

gutturosum	— *gotrå*	— (goître)
gubernare	— *guvernū*	— gouverner
pullicenum	— *püsī*	— poussin

154. In gutturosum — *gotrd* wurde u zu *o* und haben
wir damit die gleiche Entwicklung, als wenn es unter dem
Accent stünde. Ich glaube auch, dass in diesem Falle die
Umwandlung von u zu *o* die regelmässige Entwicklung repräsentirt. — Das *u* in *guvernū* ist wohl französischem Ein-
flusse zu verdanken.

Das *ū* in *püsī* entstand vielleicht durch Rückwirkung des
s-Lautes.

Die betreffende Silbe enthalte ein au.

paupertatem	— *povrtū*	— pauvretó
augmentare	— *ogmātū*	— augmenter

155. In diesem Beispiele wurde au entsprechend dem
Französischen zu *ọ*.

Drei Silben gehen dem Hochton voran:

desiderare	— *dęzirī,*	— désirer
immanicare	— *āmădjī,*	— (manier)
interrogare	— *ētęrodjī,*	— interroger
excorticare	— *ękortšī,*	— écorcher

156. Die Fälle mit drei Silben vor dem Hochton sind
selten und ich konnte leider nur diese wenigen hier vereinigen.
In desiderare — *dęzirī,* fiel die zweite der dem Hochton
vorangehenden Silben aus, in immanicare — *āmădjī,* die dritte.
ētęrodjī, scheint mir aus dem Französischen übertragen. *ękortšī,*
ist mit Ausfall der dem Hochton unmittelbar vorangehenden
Silbe gebildet.

II. Tonlose Vocale nach der Tonsilbe.

157. Verschiedene Methoden sind möglich, um die vorliegenden Fälle zu behandeln. Die nächstliegende scheint auf

den ersten Blick die zu sein, welche zuerst die lateinischen Paroxytona behandelt, bei denen es nur auf die letzte Silbe ankommt, und welche dann die Proparoxytona vornimmt, wobei zwei Silben zu berücksichtigen sind. Allein bei dieser Eintheilung hätte man bei der Endsilbe der Proparoxytona das gleiche zu wiederholen, was schon für die Paroxytona bemerkt wurde. Ich ziehe es daher vor, zu behandeln:

a) Tonlose Vocale nach dem Hochton in der vorletzten Silbe der lateinischen Proparoxytona.

lacrimam — *lāgrĕm$_e$* — larme
juvenem — *djǖĕn* — jeune

158. Vocale, die in lateinischen Worten in der vorletzten Silbe nach dem Hochton sich befinden, fallen im Französischen aus, sofern sie nicht durch Consonantengruppen gestützt sind, die durch den Ausfall unaussprechbar würden und deshalb den Vocal erhalten.

Solche Fälle liegen nun gerade in lacrimam und juvenem vor. In *lagrĕm$_e$* erhielt sich i als *ĕ*, während im französischen larme dies i ohne Ersatz ausfiel. Diese Erhaltung des i als *ĕ* im Pàtois rührt her von der Erhaltung der Gutturalis c in der Form von g: so haben wir die Verbindung gr, der sich nach Ausfall des i noch m hinzugesellen würde. Dies grm bewirkte die Erhaltung des i als *ĕ*.

In *djǖĕn* scheint mir eine Mittelstufe vorzuliegen zwischen dem französischen jeune und dem bei Odin 194 erwähnten waadtländischen *dzúçno, dzúvçno*. Das *ĕ* in *djǖĕn* hat einen bestimmt vernehmbaren, etwas dumpfen Laut, der das frühere Vorhandensein eines klar ausgesprochenen Vocals an dieser Stelle bezeugt.

arborem	—	*abr*	— arbre
diabolum	—	*dial*	— diable
leporem	—	*ýī$_e$vr*	— lièvre
corylam	—	*tyŏdr*	— (coudre)
fundere	—	*ʃūdr*	— fondre
Veneris diem	—	*Vârdę*	— Vendredi

crescere	—	*kråtr*	—	croître
alterum	—	*ătr*	—	autre
cameram	—	*tsămbr*	—	chambre
galbinum	—	*djăn*	—	jaune
hominem	—	*om,*	—	homme
viridem	—	*voa*	—	vert
vivitis	—	*vit*	—	(vivez)
stabulum	—	*ētaby,*	—	étable
computum	—	*kŭt,*	—	compte
generum	—	*djēdr*	—	gendre
tenerum	—	*t.ēdr*	—	tendre
recipere	—	*rösidr*	—	(recevoir)
repoenitere	—	*r.pålr*	—	(repentir)
circulum	—	*sarsy,*	—	cercle
cumulum	—	*kŭmby,*	—	comble
oculus	—	*ŏy,*	—	oeil
tremulum	—	*trăby,*	—	tremble
medicum	—	*mī.dj,*	—	(medecin)
feminas	—	*făn,*	—	femmes

159. In allen diesen Beispielen finden wir regelmässig den Ausfall des Vocals in der vorletzten Silbe.

Es bleiben nun noch einzelne Fälle übrig, wo im Lateinischen eine Semipalatalis die vorletzte Silbe bildet, die sich dann im Romanischen zur Palatalis entwickelt.

vineam	—	*vɛny,*	—	vigne
somnium	—	*sŭdj,*	—	songe
oleum	—	*uåy,*	—	huile
graneam	—	*grădj,*	—	grange
hordeum	—	*ŏ.rdj,*	—	orge
rubeum	—	*rudj,*	—	rouge
folia	—	*fŏy,*	—	feuille

160. Die zur Palatalis gewordene Semipalatalis bleibt erhalten. In welcher Form die Palatalis sich zeigt, hängt von den jedesmaligen Umständen ab. 1 + Semipalatalis zu y: *uåy,.* n + Semipalatalis zu mouillirtem n: *vɛny,*, in Fällen wie *grădj,* aber auch zu *dj*.

Ausnahme: audio — $\ddot{\varrho}$ — ouis* a. fr.

161. Dass in audio die Semipalatalis statt palatal zu werden, abfiel, hat seinen Grund zweifelsohne in Analogien auf dem Boden der Conjugation, Analogien, die nur durch detaillirte Untersuchungen klargelegt werden können. In gaudia — $dj\bar{\varrho}_c$ — joie fällt die Semipalatalis auch ab und zwar ohne Ersatz.

-aticum: maritaticum — $mariadj_c$ — mariage

162. In den Fällen auf -aticum wird auch die Hauptregel befolgt.

163. Ich citire schliesslich noch einen der seltenen Fälle, wo a in der vorletzten Silbe des Wortes nach dem Hochton stand. Auch a fiel in diesem Fall, wie schon oben bemerkt, aus: cannabum — $ts\ddot{o}n$ — chanvre.

$\beta)$ Tonlose Vocale nach der Tonsilbe in der letzten Silbe des Worts der lateinischen Proparoxytona und Paroxytona.

164. Wir haben hier wieder einen Unterschied zu machen zwischen dem Vocal a und den übrigen Vocalen. Immerhin ist dieser Unterschied bei weitem nicht so tief eingreifend, wie z. B. in den waadtländischen Dialecten, weil in Sornetan a am Ende des Wortes nie erhalten bleibt (natürlich spreche ich vom a der Feminina im Lateinischen und analogen Fällen), sondern durch ein oft stärker, oft schwächer, aber immer dumpf nachlautendes —$_c$ vertreten wird, während in den waadtländter Mundarten a in diesen Fällen fortbesteht und nur die andern lateinischen Vocale dem Abfalle unterworfen sind. Es ist gerade die phonetische Darstellung dieses lateinischen End-a ein schwieriger Punkt, da im Pâtois selbst darüber mancherlei Schwankungen vorhanden sind. Ich erwähne zugleich, dass in manchen Wörtern, deren Schlusssilbe durch die lateinischen Endungen -em, -im, -unt etc. gebildet war, auch ein solcher —$_c$-Laut zu constatiren ist, und ich habe ihn auch in diesen Worten jedesmal dann gesetzt, wenn er wirklich hörbar war, wie z. B. in om_c = franz. homme.

Umgekehrt fehlt dieses —$_e$ in Fällen, wo es eine lateinische, mit a gebildete Schlusssilbe vertritt, bisweilen; so in: annatam — *anū* — année.

165. Fälle, wo in der lateinischen letzten Silbe a war:

femina	—	*fän$_e$*	— femme
plana	—	*pyän$_e$*	— plaine
alta	—	*hât$_e$*	— haute
corta	—	*tyört$_e$*	— courte
rigida	—	*road$_e$*	— raide (roide)
gingīvas	—	*djïv$_e$*	— gencives
alam	—	*ål$_e$*	— aile
horam	—	*ūr$_e$*	— heure
bellam	—	*bāl$_e$*	— belle
duas	—	*dü$_e$*	— deux
totas	—	*t. l$_e$*	— toutes
flammam	—	*syäm$_e$*	— flamme
granam	—	*grän$_e$*	— graine
cretam	—	*grö$_e$*	— craie
gallinam	—	*djörön$_e$*	— (poule)
aquam	—	*äv$_e$*	— eau

Anmerkung: Während in den eben erwähnten Fällen überall —$_e$ an Stelle von a getreten ist, haben wir diesen Nachlaut nicht in: cameram — *tsämbr* — chambre. Er fehlt gleichfalls in:

annatam	—	*ånā*	— année
gelatam	—	*djålā*	— gelée
monetam	—	*münā*	— monnaie

Das Fehlen des —$_e$ könnte vielleicht der Hypothese Vorschub leisten, *ånā* und *djålā* von annatum und gelatum* abzuleiten; allein für monetam würde diese Erklärung nicht ausreichen und diese Etyma wären im Widerspruch mit den auf dem ganzen romanischen Gebiet angenommenen: annatam und gelatam.

Fälle von Palatalis und a am Ende des Wortes.

Während in anderen Mundarten, wo das latein. a der

Femininendung erhalten bleibt, die Palatalis insofern einen Einfluss ausübt, als sie das a zu e, ŏ etc. trübt, kommt in dieser Mundart dieser Einfluss der Palatalis nicht in Betracht, da das —$_e$ schon ohnehin der gewöhnliche Ersatz für latein. a ist.

spongiam	—	*ẹpūdj$_e$*	— éponge
graneam	—	*grãdj$_e$*	— grange
muscam	—	*mots$_e$*	— mouche
plateam	—	*pyas$_e$*	-- place
pluviam	—	*pyŏdje*	— (pluie)
siccam	—	*soats$_e$*	— sèche
coxam	—	*tyos$_e$*	— cuisse
castaneam	—	*tsātany$_e$*	— chataigne
vaccam	—	*vats$_e$*	--- vache
vineam	—	*vẹny$_e$*	— vigne
vendemmiam	—	*vãdãdj$_e$*	— vendange
virgam	—	*vuerdj$_e$*	— verge

166. Diese Fälle schliessen sich in Bezug auf Behandlung des Schluss-a ganz der Hauptgruppe an.

Schluss-a in der Conjugation:

$$\text{amabam} \quad - \quad \bar{a}m\varrho \quad - \quad \text{aimait}$$

167. Das a der letzten Silbe fällt ohne Ersatz ab. — [Ich setze als Etymon für *āmọ* amabam und nicht amebam, das wir der französischen Lautlehre nach als Wurzel von franz. aimait annehmen. Ein anderer jurassischer Dialect nämlich (Montagne de Diesse) hat an dieser Stelle *amāv$_e$*, das ja zweifelsohne von amabam herzuleiten ist.

Fälle, wo in der letzten lateinischen Silbe enthalten waren e, i, o, u:

168. Hier gilt im Französischen, wie in diesem Pâtois durchgängig das Gesetz, dass diese Vocale ohne Ersatz abfallen, sie müssten denn durch Consonantengruppen gestützt werden, die durch den Ausfall dieser Vocale unaussprechbar würden. Dann bleiben sie in der einen oder andern Form erhalten. Ich bemerke gleich hier, dass unser Pâtois viel

weniger solche Consonantengruppen kennt, als die waadtländischen Dialecte. In einigen Fällen hilft sich freilich die
Sprache auch noch auf andere Weise, indem sie einen Consonanten der Combination ausfallen lässt, wodurch dann das
Bleiben des Vocals überflüssig wird. So haben wir im Französischen: carnem — chair Abfall des n. Im Pâtois: martium
— *mär* Abfall des t.

169. Ich lasse gleich hier einige Verbalformen folgen, die
einen vollständigen Abfall des Vocals zeigen; bei einigen derselben sind Consonantengruppen vorhanden, die sonst einen
Stützvocal verlangen, bei andern ist nur der regelmässige Abfall des Endvocals zu constatiren:

habeo	—	*ā*	— ai
facio	—	*fa*	— fais
sapio	—	*sɩ*	— sais
vado	—	*va*	— vais
recipere	—	*rösidr*	— rocevoir

170. Auf diese Formen näher einzugehen, finde ich nicht
zweckmässig, da zur richtigen Beurtheilung derselben eine
genaue Kenntniss der Conjugation und deren Analogiewir-
kungen nöthig ist, Kenntnisse, die mir zur Stunde leider noch
abgehen. Jedoch ist zur Genüge constatirt, dass der Abfall
stattfand, und darauf kommt es an dieser Stelle an.

171. Ich wende mich nun zur Behandlung der einzelnen
Vocale e, i, o, u.

Eine principielle Gegenüberstellung irgend eines dieser
Vocale zu den übrigen ist in unsrer Mundart ausgeschlossen.
Alle vier Vocale verhalten sich hier gleich; ausschlaggebend
sind die eventuell vorhergehenden Consonantengruppen.

Die Endsilbe enthalte ein e:

repoenitere	— *r„pàtr*	— repentir (se rep.)
leporem	— *ýĭ‚vr*	— lièvre
dentem	— *dà*	— dent
clavem	— *ryā*	— clef

noctem	—	*nō*	—	nuit
jungere	—	*djoědr*	—	joindre
fundere	—	*fūdr*	—	fondre
claudere	—	*syọr*	—	(fermer)
credere	—	*krar*	—	croire
crescere	—	*kråtr*	—	croître
pendere	—	*pådr*	—	pendre
vendere	—	*vådr*	—	vendre
sentere*	—	*såtr*	—	(sentir)
fratrem	—	*frār*	—	frère
arborem	—	*abr*	—	arbre
judicem	—	*djüdje*	—	juge
pollicem	—	*pū͜s*	—	pouce
mobilem	—	*mūbyₑ*	—	meuble

172. Von einem Fortbestehen des lat. e lässt sich nirgends reden. In den meisten Fällen schliessen die Worte mit einem Consonanten ab. In *djüdjₑ* ist ein schwacher Nachklang hörbar, desgleichen in *mūbyₑ*.

Die ehemals auf tr endigenden Worte, wie fratrem, haben gleicherweise früher sicher ein solches nachlautendes —ₑ gehabt. Heute, nachdem t ausfiel, ist nichts mehr davon zu bemerken. Ganz anders ist dies in den waadtländischen Mundarten, die nach der Combination tr noch einen Stützvocal bewahrt haben.

Die Endsilbe enthalte ein i.

173. Ich konnte nur sehr weniger Beispiele mit i habhaft werden:

bib(i)tis	—	*boat*
duodecim	—	*dọžₑ*
estis	—	*ēlₑ*
legitis	—	*yŏt*
vivitis	—	*vil*

i fiel hier durchgängig aus, ausser in *dọžₑ*, wo es durch den schwach nachklingenden Laut —ₑ ersetzt ist.

Die Endsilbe enthalte ein o:

amo	— *āma*	— aime
bibo	— *boa*	— bois
dico	— *di*	— dis
dormio	— *drŏma*	— dors
credo	— *krā*	— crois
lego	— *yŏ*	— lis
sono	— *sona*	— sonne
latro	— *lar*	— (larron)

174. Mit Ausnahme des letzten, ganz vereinzelten Wortes lar haben wir lauter erste Personen Praes. Indic., die mit Ausnahme von *di* und *yŏ* durchgängig auf *a* und *oa* auslauten. Lateinisches o hat in dieser Person dem *a* Platz gemacht. In bibo, dico, credo ist totaler Abfall der Endung ohne Ersatz zu constatiren, während bei den Verben der ersten Conjugation an Stelle von o *a* tritt.

Der in latro — *lar* früher gewiss vorhandene Stützvocal ist mit dem Ausfall der Dentalis auch abhanden gekommen.

Die betreffende Silbe enthalte u:

cannabum	— *tšŏn*	— chanvre
emplastrum	— *ᶏpyātr*	— emplâtre
fraxinum	— *frän*	— frêne
computum	— *kŭt$_e$*	— compte
nostrum	— *nǫt*	— notre
hordenm	— *ŏₑrdj$_e$*	— orge
alterum	— *ātr*	— autre
circulum	— *sarsy$_e$*	— cercle
diabolum	— *dial*	— diable
duplum	— *duby$_e$*	— double
cribrum	— *kriby$_e$*	— crible
psalmum	— *psyām*	— psaume
dicunt	— *dižo*	— disent

175. u fällt in den meisten Fällen ohne Ersatz aus. Es erholt sich in der Gestalt von *o* in *dižo*, scheinbar wenigstens, denn es ist sehr wohl möglich, dass diese Erhaltung einer Analogiewirkung zu verdanken ist.

Anmerkung: avunculum — *ūsyo* — oncle.
Hier haben wir einen der wenigen Fälle vor uns, wo als Stützvocal nicht —$_e$, sondern *o* verwendet wurde.

B. Tonlose Vocale im Hiatus.

176. Unter Hiatus verstehen wir das Zusammentreffen zweier Vocale in zwei verschiedenen Silben eines Wortes. Man unterscheidet zweierlei Arten von Hiatus, je nachdem derselbe schon im Lateinischen vorhanden war, oder erst im Romanischen entstand: den lateinischen und romanischen Hiatus.

I. Lateinischer Hiatus.

177. Auch hier haben wir wiederum zwei Gruppen zu unterscheiden, deren Merkmal der Accent ist.

α) **Der Accent ruht auf dem ersten der beiden den Hiatus bildenden Vocale.**

duo — *du* — (deux)

178. Dies Beispiel veranschaulicht das Verfahren der Sprache in diesem Falle: der zweite Vocal fällt ab.

β) **Der Accent ruht nicht auf dem ersten der den Hiatus bildenden Vocale.**

179. Er ruht vielmehr auf dem zweiten Vocale, oder der Hiatus ist überhaupt ganz unbetont. Einen principiellen Unterschied zwischen betonten und unbetonten Silben hier aufzustellen hätte keinen Werth

duódecim — *doz$_e$* — douze

februárium — *favrī$_e$* — février

180. Hier und in gleichgearteten Fällen geht der erste Vocal ohne Ersatz verloren.

i + Vocal: diabolum — *diäl* — diable

181. *dial* könnte in Bezug auf die Schreibung zu manchen Zweifeln Anlass geben. *dyäl* zu setzen, wäre unrichtig; es als zweisilbiges Wort zu behandeln, das man in *di + al* zerlegen

kann, würde wiederum der Aussprache nicht ganz entsprechen. Am besten wird man in der heutigen Aussprache des Wortes ia als steigenden Diphthong betrachten.

l + i im Hiatus:

consilium — *küsey$_e$* — conseil

182. l wurde in diesem Falle durch i mouillirt zu *y*.

m + i im Hiatus:

commeatus — *küdj'$_e$* — congé

simia — *sēdj'$_e$* — singe

183. In jedem der beiden Fälle verbindet sich die Semi-palatalis i, respective e mit dem folgenden Vocal, der infolge dieser Verbindung im ersten Falle zu *i*, im zweiten Falle, weil unbetont, zu —$_e$ wird.

r + i im Hiatus:

primarium — *prŏmī$_e$* — premier

184. Hier fand zur Tilgung des Hiatus Attraction des nach-tonigen i in die Hauptsilbe statt, ferner Verwandlung des a zu —$_e$ und Abfall des r.

n + i im Hiatus:

extraneum — *ẹtrȁdj'$_e$* — étrange

castaneam — *tsȁtany$_e$* — châtaigne .

185. In *tsȁtany$_e$* fand regelrechte Mouillirung des n statt, während in *ẹtrȁdj'$_e$* n nicht mouillirt wurde, da es bereits mit der vorhergehenden Palatalis die Nasalirung hervorbrachte. Es entstand vielmehr der Laut *dj$_e$*.

s + i im Hiatus:

basiare — *bažī$_e$* — baiser

cerasea — *sĕllĕž$_e$* — cerise

186. basiare = basjare* = *bažī$_e$* zeigt die Entwicklung des tönenden spitzen Zischlautes zum tönenden breiten Zisch-laut, infolge Combinirung des s mit j. Die Palatalis verwandelt a zu *ī$_e$*; —$_e$ lässt auf das früher hier hörbare r schliessen. — In *sĕllĕž$_e$* wurde -sea in cerasea zu *ž$_e$* und a durch den Einfluss der folgenden Palatalis zu iĕ.

t + i im Hiatus:

cantionem	— *t͡săsŭ*	— chanson
captiare	— *t͡sĕsī₂*	— chasser
anteanum	— *āsyā̆*	— ancien
patientiam	— *păsiăs₂*	— patience

187. ti erzeugte in diesen Fällen den spitzen tonlosen Zischlaut s.

d + i im Hiatus:

diurnum	— *djo*	— jour
vadium	— *gadj₂*	— gage
gaudium } gaudia }	— *djŏ₂*	— joie

188. di + Vocal = dj wurde zur Palatalis *dj*.

g + i im Hiatus:

elogium	— *ęlož₂*	— éloges

189. Hier ist ganz französische Behandlung zu constatiren.

b + i im Hiatus:

cambiare	— *t͡sādjī₂*	— changer
rabiem	— *radj₂*	— rage
rubeum	— *rudj₂*	— rouge

190. Das dem i vorausgehende b fällt ab und es entsteht die Palatalis *dj*.

p + i im Hiatus:

repropiare	— *rĕprŏdjī₂*	— reprocher

191. Das dem i vorausgehende p fällt ab und es entsteht die Palatalis *dj*.

v + i im Hiatus:

leviarium	— *loardjī₂*	— léger

192. v fiel aus und es entstand die Palatalis *dj*.

II. Romanischer Hiatus.

193. Der romanische Hiatus kann entstanden sein:

Durch Zusammensetzung.

Durch Consonantenausfall.

α) **Romanischer Hiatus durch Zusammensetzung.**

de-unde	— *dŭ*	— dont
de-intus	— *då*	— dans
male-habitum	— *mălate*	— malade

194. Diese Art von Hiatus wird dadurch beseitigt, dass der erste Vocal ausfällt.

β) **Romanischer Hiatus durch Consonanten-ausfall.**

195. Im Gegensatz zu den Waadtländer Mundarten, die eine mehrfache Behandlung dieses Falles aufweisen, zeigt das vorliegende Pâtois grosse Einfachheit. Der Grund hierzu ist leicht zu finden. Da die Endsilben der waadtländischen Mundarten tönend geblieben sind, so musste, um den Hiatus zu tilgen, zu verschiedenen Mitteln gegriffen werden: z. B. gelatam gab nach Ausfall des t gelaam* und wurde nach O d i n 217 zu *dzalay̯ₑ*: ich constatire also Einschiebung von y. In andern Fällen haben wir Accentverschiebung oder Einschiebung eines v, um den Hiatus zu beseitigen.

Im vorliegenden Pâtois sind aber die Verhältnisse einfacher: die Endsilben verstummen ohnehin bis auf jenen, durch —ₑ bezeichneten Rest, den man nicht mehr als Vocal im eigentlichen Sinne des Wortes auffassen kann. Dies allgemeine Verstummen der Endsilben genügt nun in der grossen Mehrzahl der Fälle, um den Hiatus aufzuheben:

annatam	— *ånū*	— année
gelatam	— *djålā*	— gelée
diurnatam	— *djornā*	— journée
crētam	— *grǫ̈ₑ*	— craie
setam	— *sǭₑ*	— soie
vesperatum	— *vę̈prā*	— (vêpre)
pedem	— *pī̆ₑ*	— pied
siccatam	— *soatšī̆ₑ*	— sechée
caricatam	— *tšardjī̆ₑ*	— chargée
rotam	— *rū̆ₑ*	— roue
carrucam	— *tšarū̆ₑ*	— charrue

196. In andern Fällen freilich wurde der Hiat durch Einschiebung eines y getilgt; so in:

potere	—	*poyā*	— pouvoir
cathédram	—	*tṣayīr₍*	— chaire

197. Ich erwähne noch die Fälle, wo der Hiat durch unbetontes i + Vocal gebildet wird:

nidale	—	*nyả*	— (nid)

Hier wurde i zu y und damit der Hiat getilgt.

198. Hierher gehört auch:

scutellam	—	*ệtyệl₍*	— écuelle

wo ue zu yệ wurde.

199. Der romanische Hiatus ist erhalten in:

nodare	—	*nuả*	— nouer
re-mutare	—	*rĕmǚā*	— remuer
salutare	—	*sálǚā*	— saluer

Anhang.

Der Anhang umfasst zwei Tabellen.

Die erste enthält eine Zusammenstellung verschiedener jurassischer Mundarten, die bereits in der Einleitung erwähnt sind: die Mundarten von Sornetan, Porrentruy, Seignelégier und Montagne de Diesse. Ich habe Beispiele für diejenigen Fälle des Vocalismus notirt, die mir am hauptsächlichsten erschienen. Es mag ein gewisses Interesse haben, das Verhalten dieser vier Mundarten an ein und demselben Worte zu studiren.

Die zweite Tabelle beschäftigt sich mit einigen angrenzenden, ausserhalb des Berner Jura liegenden Pâtois.

Lateinisch	Sornetan	Porrentruy	Seignelégier	Montagne de Diesse

1. á in offener Silbe:

levatum	*yŏvā*	*yŏvā*	*lĕvā*	*lę̄vā*
passatum	*pę̄sū*	*pāsā̇*	*pāsā*	*pasā*

2. Palatalis + á in offener Silbe:

re-exvigiliatum	*ręvoayī̇ₑ*	*ręvoayī̇ₑ*	*franz.*	*ręveyī̇ₑ*
cominitiatum *	*kĕmāsī̇ₑ*	*kĕmōsī̇ₑ*	*kĕmōsī̇ᵣ*	*kₒmāsī̇ₑ*
bajulatum *	*bayī̇ₑ*	*bayī̇ₑ*	*bayī̇ₑ*	*bayī̇ₑ*

3. Schluss-a unbetont:

unam poenam	*ŏne poĕnₑ*	*ŏnₑ poĕnₑ*	*ŏnₑ pā̇nₑ*	*franz.*
unam amicam	*ŏne amī̇ₑ*	*ŏnₑ amī̇ᵣ*	*ŏnₑ amī̇ₑ*	*ŏnₑ amī̇ᵣ*

4. Palatalis + unbetontes Schluss-a:

campaneam	*franz.*	*kōmpanyₑ*	*kā̇panyᵣ*	*franz.*

5. an + Consonant:

quando	*tyā̇*	*tyā̇*	*tyā̇*	*franz.*

Serie von Beispielen von Palatalis + a:

de-abantiare	*dĕvāsī̇ₑ*	*dĕvāsī̇ₑ*	*dĕvāsī̇ₑ*	—
ex-corticare	*ękortsī̇ᵣ*	*ękortsī̇ₑ*	*ękortsī̇ₑ*	*ękortsī̇ₑ*
manducare	*mādjī̇ₑ*	*mādjī̇ₑ*	*mādjī̇ₑ*	*mĕdjī̇ₑ*
predicare	*prō̇ₔdjī̇ₑ*	*prō̇ₔdjī̇ₑ*	*predjī̇ₑ*	*prĕdjī̇ₑ*
repropiare	*rĕprödjī̇ₑ*	*rĕprödjī̇ₑ*	*rₑprödjī̇ₑ*	*rĕprödjī̇ₑ*
cambiare	*tšādjī̇ₑ*	*tšādjī̇ₑ*	*tšādjī̇ₑ*	*tšādjī̇ₑ*
immanicare	*āmādjī̇ₑ*	*āmādjī̇ₑ*	*āmādjī̇ₑ*	—
somniari	*sūdjī̇ₑ*	*sūdjī̇ₑ*	*sùdjī̇ₑ*	*sōdjī̇ₑ*
commeatum	*kūdjī̇ₑ*	*kùdjī̇ₑ*	*kùdjī̇ₑ*	*kōdjī̇ₑ*
defoliare	*dęſōyī̇ₑ*	*dęſōyī̇,*	*dęſōyī̇ₑ*	*dęſōyī̇ₑ*

Lateinisch	Sornetan	Porrentruy	Seignelégier	Montagno de Diesse

Palatalis oder Gutturalis, ursprünglich von a getrennt, wird in die betonte Silbe gezogen.

Lateinisch	Sornetan	Porrentruy	Seignelégier	Montagno de Diesse
adjutare	ẹ̄dī̆ᶜ	ādī̆ᶜ	ẹ̄dī̆ᶜ	idī̆ᶜ
allactare	alātī̆ᶜ	alātī̆ᵉ	alātī̆ᶜ	alātī̆ᶜ
coactare	koatšī̆ᶜ	koatšī̆ᶜ	koatšī̆ᶜ	katšī̆ᵉ
sanguinare	sanyī̆ᶜ	sãnyī̆ᶜ	sā̃yī̆ᶜ	sãnyī̆ᵉ
bajulari	bayī̆ᶜ	bayī̆ᵉ	bayī̆ᶜ	bayī̆ᵉ
vigilare	voayī̆ᶜ	voayī̆ᵉ	voayī̆ᶜ	veyī̆ᵉ

Gutturalis + a:

jocare	djū̆ᵣ	djū̆ᵣ	djū̆ᵉ	djū̆ᶜ
mercatum	martšī̆ᶜ	martšī̆ᵉ	martšī̆ᶜ	martšī̆ᶜ
necare	noayī̆ᶜ	noayī̆ᶜ	noayī̆ᵉ	nẹyī̆ᶜ
caram	tšī̆ᵣ	tšī̆ᵣ	tšī̆ᵣ	tšī̆ᵣ

s oder z + a:

baptizare	båtayī̆ᶜ	båtisī̆ᶜ	båtizī̆ᶜ	batšī̆ᶜ

e
1. é lat.:

plenum	pyẽ	pyẽ	pyẽ	pyẽ
habere	avoa	ᵈvoᵉ	avoa	arẹ
avenam	åv₀ã̄nᶜ	avoã̄nᶜ	ávõᶜnᶜ	arẹnᶜ
venam	v₀ã̄nᶜ	voã̄n ᶜ	võᶜnᶜ	vẹnᶜ
catenam	tšã̄nᶜ	tšã̄nᶜ	tšã̄nᶜ	tšẹnᶜ

| -etam: cretam | grõ̆ᶜ | grū̆ᶜ | grõ̆ᶜ | krayᶜ |
| setam | sõ̆ᶜ | sū̆ᶜ | sõ̆ᶜ | seyᶜ |

2. ĕ lat.:

| -en: bĕne | bẽ | bĭ | bẽ | bā̄ |
| -er: fĕrum* | fī̆ᶜ | fī̆ᶜ | fī̆ᶜ | fī̆ᵣ |

e + Vocal:

| Deum | Dǖᶜ | Dǖᶜ | Dǖᶜ | Dī̆ᶜ |

Lateinisch	Sornetan	Porrentruy	Seignelégier	Montagne de Diesse

e in Position:

ferrum	ʃẹ̈ₑ	ʃ̆iₑ	ʃẹ̈ₑ	franz.

-en + s:

mensem	franz.	franz.	franz.	me
prensum*	franz.	franz.	franz.	pra

o

1. ó lat.:

horam	ūrₑ	ūre	ūrₑ	î‿r
totum	to	to	to	to
toti	tü̆	tü̆	tü̆	franz.

o + Nasal:

carbonem	t̆sarbü̆	t̆sarbü̆	t̆sarbü̆	t̆särbō̆
rationem	rāzü̆	rāzü̆	rāzü̆	razō̆
coronam	franz.	kúₑ̆ronₑ	kₒronₑ	franz.
donum	dü̆	dü̆	dü̆	dō̆
nomen	nü̆	nü̆	nü̆	nō̆

2. ŏ lat.:

comam	komₑ	komₑ	kō̆mₑ	komₑ
scholam	ẹ̄kō̆lₑ	ẹ̣kolₑ	ẹ̣kō̆lₑ	ẹ̄kō̆lₑ
bonam	franz.	bₐẹnₑ	bú̆ₑnₑ	bₐonₑ
foris	ʃō̆	ʃō̆	ʃō̆	ʃō̆‿r
jocum	djū̆ₑ	djū̆ₑ	djū̆ₑ	djū̆ₑ
focum	ʃū̆ₑ	ʃū̆ₑ	ʃū̆ₑ	ʃū̆ₑ
locum	ẏū̆ₑ	ẏū̆ₑ	lū̆ₑ	lū̆ₑ

o + Labial und o + Labio-Dental:

bovem	bū̆ₑ	bū̆ₑ	bū̆ₑ	bī̆ₑ
novem	nū̆ₑʃ	nū̆ₑʃ	nū̆ₑ	nī̆
novam	nō̆vₑ	franz.	franz.	nī̆ₑ
probam	franz.	franz.	franz.	prī̆vₑ
molam	franz.	franz.	franz.	mī̆lₑ

Vergleichung der Mundart von Sornetan mit den benachbarten Mundarten von Lignières (Neuchâtel) und des Waadtlandes.

Von einigem Interesse mag es sein, einen Vergleich zu ziehen zwischen der Mundart, die uns beschäftigt, und einigen angrenzenden Mundarten. Direct an den Berner Jura, nach Südwesten hin, grenzt der Canton Neuchâtel, dessen Gebiet Häfelin in einer umfassenden, gründlichen Arbeit behandelte. Von den fünf bei Häfelin erwähnten Mundarten kommt hier vornehmlich die von Lignières in Betracht: aus ihr werde ich die folgenden Beispiele entnehmen. Im Nordwesten grenzt an unser Pâtois die schon in der vorigen Tabelle erwähnte Mundart von Porrentruy, die ihrerseits wieder zur Gruppe Montbéliard gehört. An Montbéliard schliessen sich die Mundarten von Belfort und Umgegend an, die neuerdings von Horning detaillirt behandelt wurden in: Französische Studien von Körting und Koschwitz V. Band, Schlussheft. Ostfranzösische Grenzdialecte. Auch dieser Arbeit sind einige Citate, die hier in Betracht kommen, entnommen.

Wir haben hier also eine ununterbrochene Reihe französischer Mundarten vor uns, aus deren einstiger Vergleichung man einen Schluss auf ihre Stellung zur französischen Sprache wird ziehen können. Jedoch wird an vielen Stellen noch viel Arbeit gethan werden müssen, bevor wir so weit sind, das vollständige Bild jener Mundarten vor uns zu haben. Die Mundarten des Berner Jura bilden gewissermaassen einen Aussenposten der romanischen Sprachgemeinschaft gegenüber der germanischen, die hier ihren Anfang nimmt. Zugleich bilden diese jurassischen Mundarten einen Uebergang vom französischen zum provençalischen Typus: beide Merkmale finden sich in unserer Mundart. Schon viel provençalischer ist der Charakter der südlich gelegenen Waadtländer und Freiburger Mundarten. Letztere sind vom Jura durch ein vorgeschobencs Stück deutschen Sprachgebietes, das „Seeland“, getrennt, und so erklärt sich auch der grosse, zwischen ihnen bestehende Unterschied. Viel mehr Gemeinsames finden wir zwischen der Mundart von Lignières und der von Sornetan. Ich stelle deshalb letztere in der Tabelle an die erste Stelle und lasse dann die Neuchâteler und Waadtländer Mundart folgen. In Betracht gezogen sind wiederum nur Erscheinungen auf dem Gebiete des Vocalismus, da die Consonanten nicht in den Rahmen dieser Arbeit gehören.

á

1. á in offener Silbe.

Latein		Sornctan		Neuohâtel		Waadt
rapam	—	rāv̥ₑ	—	ravₑ	—	rāva
lanam	—	lä̃nₑ	—	lã̄nₑ	—	lāna
cantare	—	tsã̄lā	—	tsālā	—	tsālā
ablatum*	—	byā	—	byā	—	blyā
pratum	—	prā	—	prā	—	prā

Anmerkung: Ich citire hier einige lothringische Formen, welche das Verhalten dieser Mundarten im entsprechenden Falle darthun:

Latein		Lothringisch
ranam	—	rĕn (Orthographie immer nach Hörning)
pratum	—	prĕ
clavem	—	tyĕ
talem	—	tĕ

2. ä in offener Silbe.

Latein		Sornetan		Neuchâtel		Waadt
fabam	—	fāv̥ₑ	—	fāv̥ₑ	—	fāva

3. a in lateinischer und romanischer Position.

Latein		Sornetan		Neuchâtel		Waadt
cameram	—	tsã̄mbr	—	tsã̄mbr	—	tsābra

6

Latein		Sornetan		Waadt
-arium: deretrarium	—	*dĕrī̧*	—	*derai*
februarium	—	*favrī̧*	—	*fevrai*
granarium	—	*gernī̧*	—	*granai*
caldariam	—	*tšâdĭŗ*	—	*tsandaire*

Betontes å in offener Silbe wird sowohl im Jurassischen, als in den beiden andern Gruppen annähernd gleich behandelt. Auf diesem Gebiete sind auch keine markanten Unterschiede zu bemerken. — Dagegen unterscheidet sich die waadtländische Gruppe von den andern durch Erhaltung des a der Endsilbe in Femininis, welches die Neuchâteler und Jurassier Mundarten durch —̧ ersetzten.

Bei å̇ ist nicht viel zu bemerken: es tritt in allen drei Gruppen Verlängerung von å̆ zu *ū* ein. — Dagegen liefert uns die Mehrzahl der Beispiele auf -arium ein sicheres Unterscheidungsmerkmal zwischen der waadtländischen Gruppe einerseits, den beiden andern Gruppen andrerseits. februarium wurde in Sornetan zu *favrī̧*, und verweise ich, was die Erklärung dieses *ī̧* betrifft, auf die Rubrik der betonten Vocale, die -arium behandelt. — Im Waadtländischen war, wie Odin deutlich hervorhebt, ein Typus airum* vorhanden, der dann mit der Zeit zu *ai* wurde. In Sornetan also: -arium zu iar — iėr = ī̧, hier -airum = āi. Sornetan zeigt in der Behandlung von -arium durchaus französischen Charakter.

e

1. é

Latein		Sornetan		Neuchâtel		Waadt
credo	—	*krā*	—	*krey̧*	—	*krayo*
cretam	—	*grŏ̧*	—	*grey̧*	—	*krāya*
avenam	···	*ăv̧ăņ*	—	*avăņ*	—	*avāna*
candelam	—	*tšădāļ*	—	*tšădāļ*	—	*tsandaila*

2. ĕ

Latein		Sornetan		Neuchâtel		Waadt
bĕne	—	*bẽ*	—	*bä*	—	*bẽ*

Anmerkung. Lothringisch:

pĕdem — *pyĕ*

prĕtium — *pre*

3. e in Position.

Latein	Sornetan	Neuchâtel	Waadt
argentum	— *ardjà*	— *ardję*	— *ardzen*
membrum	— *mäbr*	— *rĕbrę*	— *menbro*
bellum	— *bę*	— *bī*	— *bei*

Ein weiterer, grundlegender Unterschied zwischen dem Waadtland auf der einen, den andern Gruppen auf der andern Seite ist die Behandlung des langen, betonten ė. Während in Sornetan die Entwicklungsreihe: $e = ei = \acute{o}i = \acute{o}e = o\acute{e}$ zu Grunde liegt, haben wir im Waadtland: $ei = ai = a$ resp. ā. Die Mundart von Lignières (Neuchâtel) scheint wenigstens in einzelnen Fällen auf der Stufe *ei* beharrt zu sein: cretam — *grey.*; sie nimmt in diesem Falle eine Mittelstellung zwischen Waadt und Jura ein.

e in Position zeigt in Lignières und Waadt weniger tiefgreifende Veränderungen als in Sornetan. e ist dort meistens erhalten, was in Sornetan nur **sehr** selten der Fall ist.

i

Latein	Sornetan	Neuchâtel	Waadt
linum	— *y̆ī*	— *lyā*	— —
spinam	— *ępŏnę*	— —	— *epĕna*

Für linum fand ich kein entsprechendes Wort im Waadtland. Doch steht immerhin aus andern Beispielen fest, dass dort die Nasalirung von in zu ī **nicht** stattfindet, ebensowenig, wie in Lignières. Diese Nasalirung zu ī scheint vielmehr eine Eigenthümlichkeit unserer Mundart zu sein.

Ein anderes interessantes Phänomen ist die Behandlung von ínam. Auch in Sornetan herrscht, wie in der Waadt, die Neigung, in diesen Fällen den Accent auf die dem i vorangehende Silbe zurückzuziehen. Doch scheint diese Neigung

im Waadtland stärker zu sein. Das aus dem i in inam resultirende ŏ wird deutlich gesprochen.

o

1. ó lateinisch.

Latein		Sornetan		Neuchâtel		Waadt
horam	—	ür$_e$	—	ör$_e$	—	äoro
florem	—	syō	—	ſyōr	—	hlyao

Auch hier haben wir im Waadtland eine andre Entwicklungsreihe, als in Sornetan und Neuchâtel. In der Waadt
wurde lateinisch ó zu āo, während in Sornetan und Lignières
die gewöhnliche Entwicklung von ó zu ú, resp. ō vorhanden ist.
Anmerkung. Lothringisch:

sororem — syoę

zeigt auch nahe Verwandtschaft mit Sornetan.

2. ŏ lateinisch.

Latein		Sornetan		Neuchâtel		Waadt
bŏvem	—	bü$_e$	—	bü	—	bao

Das gleiche, was soeben von ó bemerkt wurde, hat auch
hier Geltung.
Anmerkung 1. Lothringisch:

focum — ſō

jocum — žō

bovem — byoę

Diese Beispiele bekunden wiederum nahe Verwandtschaft
mit den jurassischen Mundarten.
Anmerkung 2.
Die in den Mundarten von Neuchâtel und Waadt nicht
seltenen Fälle, wo eine Verschiebung des Accents auf die vorhergehende Silbe stattfindet, habe ich in dieser Mundart so
ausgesprochen, wie in jenen Gruppen, nie gefunden:

Latein		Neuchâtel		Waadt
fortunam	—	fort'na	—	fortūna

.

www.ingramcontent.com/pod-product-compliance
Lightning Source LLC
Chambersburg PA
CBHW031452270326
41930CB00007B/956